# 3ans
## à SHAOLIN

ISBN : 978-2-412-07450-3
Dépôt légal : octobre 2023
Imprimé en France par Normandie Roto Impression s.a.s. (2303677)

Photo de couverture © Mickaël Renaut

Directrice éditoriale : Marie-Anne Jost-Kotik
Responsable éditoriale : Aline Sibony
Édition : Alexandra Rousselle
Relecture : Odile Duburcq

Éditions First, un département d'Édi8
92, avenue de France
75 013 Paris France
Tél. : 01 44 16 09 00
firstinfo@efirst.com
www.editionsfirst.fr

MICKAËL RENAUT

# 3 ans à SHAOLIN

F1RST
ÉDITIONS

*Ce livre est dédié aux personnes à qui, comme à moi, on a toujours dit que c'était trop difficile, que ce n'était pas pour nous, qu'on n'y arriverait pas, que c'était impossible... Mais tout est impossible jusqu'à ce que quelqu'un le fasse !*

*À toutes les personnes qui ont eu une mère ou une famille qui ne les ont jamais encouragées au départ ni félicitées à l'arrivée. Qui ont tout perdu, ont fini seules, à la rue, ont dû recommencer de zéro pendant qu'on leur maintenait la tête sous l'eau. N'abandonnez pas, tout ça m'est arrivé, je vous comprends ! Ne laissez pas ceux qui n'ont pas assez d'eau pour éteindre le feu de la persévérance qui brûle en vous vous dissuader d'accomplir ce qu'ils n'ont pas essayé !*

*Allégez votre cœur, n'en voulez pas aux personnes qui vous veulent du mal, elles souffrent. Les personnes pleine d'amour s'exalteront de vos accomplissements, ce sont celles-là qui ont leur place dans la beauté de votre cheminement.*

*Réveillez-vous quand les autres dorment, travaillez quand les autres se reposent, réessayez après avoir échoué, persistez, et quand vous êtes fatigué, remémorez-vous la raison pour laquelle vous avez commencé, ainsi, vos rêves seront à votre portée !*

*Enfin, ce livre est dédié à mes deux enfants, qui sont tout pour moi et que j'espère inspirer au quotidien. Quel que soit le chemin que vous emprunterez, je vous soutiendrai, je vous encouragerai.*

*Faites ce que vous aimez et soyez heureux !*

*Je vous aime tous.*

# Prologue

*Amituofo !*

À Shaolin, c'est une formule de salutation et de gratitude. Je vous invite à faire un bout de chemin avec moi, durant lequel je vais partager avec vous mes secrets les plus précieux.

Dans cet ouvrage autobiographique, je partage avec vous ce qui m'a permis d'être qui je suis aujourd'hui en vous contant mon histoire personnelle et les leçons que j'ai pu en tirer.

Après une enfance assez solitaire, j'ai pu m'accomplir grâce à mes exploits à BMX jusqu'à remporter le titre de champion du monde de ce magnifique sport, pour ensuite vivre un rêve éveillé en découvrant le temple Shaolin, sa culture et ses enseignements millénaires.

Ce voyage nous emportera jusqu'aux plus lointaines contrées où tous nos sens vont s'éveiller. Nous respirerons l'air pur des montagnes, nous sentirons sur notre peau l'agréable chaleur tropicale, percevrons les *sutras* chantés par les moines, goûterons leurs mets délicieux et contemplerons les temples millénaires de la Chine ancienne, en particulier celui dans lequel j'ai eu l'occasion de vivre, le légendaire temple Shaolin !

# 1.

Je suis né en 1983, à une époque où Internet et les téléphones portables n'existaient pas.

Mon enfance a été bercée par les mangas japonais, tels que *Princesse Sarah* et *Dragon Ball*. J'ai également eu la chance de découvrir la campagne lorsque j'allais chez mes grands-parents. Je construisais des cabanes dans les vastes forêts environnantes, je jouais au bord de la rivière…

Originaires de la ville millénaire de Troyes, nous vivions avec ma mère dans un quartier appelé les « Tours noires ». Nous logions au septième étage, dans un appartement étroit avec une seule chambre. Mon petit lit à barreaux était collé au pied de celui de ma mère, et les colonnes vide-ordures ménagères qui longeaient le mur laissaient s'inviter quelques cafards, tard le soir.

Nous nous réchauffions avec des cagoules en laine, nous n'avions pas de vêtements de marque, nous portions de vieilles baskets que nous nous transmettions dans la famille lorsqu'elles ne nous allaient plus.

À l'école, nos activités étaient simples : la marelle, son caillou et les sauts à cloche-pied dans les cases numérotées, les tunnels que nous creusions dans le bac à sable, le toboggan avec sa plaque en métal brûlante, les sprints que nous piquions en criant à tue-tête en traversant la cour déjà avec l'esprit de compétition, les crêpes à la Chandeleur ou les déguisements du carnaval…

Ma semaine citadine à Troyes s'achevait par un week-end rural chez mes grands-parents. Le samedi matin, nous faisions les courses avec ma mère. Je m'asseyais sur le siège rouge du caddie, rempli à ras bord, nous déchargions dans le coffre et nous prenions la route dans sa Renault 5. Confortablement installé à l'arrière, évidemment sans ceinture, j'admirais le paysage bucolique tout au long des trente kilomètres qui nous séparaient de mes grands-parents.

Le cadre était idyllique, la maison se trouvait au milieu d'un terrain pentu avec des arbres fruitiers où mes cousins, mes cousines et moi aimions grimper. Mes grands-parents cultivaient des fruits et des légumes : cerises, prunes, mirabelles, haricots, salades, carottes, fraises, etc., que j'adorais cueillir. J'aimais aussi remonter les seaux du puits que je déversais dans les arrosoirs avant d'avancer dans les rayons du jardin pour mouiller la terre d'où s'élevaient les délicieux légumes que je regardais pousser.

Nous faisions des conserves, écossions les haricots pendant des heures, au calme sur une table à l'ombre, accompagnés du chant des oiseaux et de la brise dans les feuilles des arbres.

En été, parfois, nous posions une couverture sur l'herbe, nous nous allongions et observions le ciel bleu, donnions des noms d'animaux ou d'objets aux nuages glissant sur cette toile de fond. Avec ma grand-mère, nous faisions de grandes balades à pied et à vélo dans la nature autour du village et elle me racontait des tas d'histoires, même dans la prairie alors que nous allions cueillir du pissenlit pour les lapins.

Mon grand-père était bûcheron. Il garait sa voiture dans un garage annexe à la maison où il rangeait ses outils ; c'est là que nous allions chercher discrètement la serpe, le marteau, les clous et la ficelle pour construire des cabanes.

Une rivière traversait la forêt, et nous la remontions, parfois en slip, jusqu'au lavoir où nous aimions jouer au bord de l'eau. Avec des boîtes transparentes, nous attrapions des grosses libellules colorées, des bleues, des rouges et des jaunes, c'était merveilleux.

En hiver, nous dévalions à longueur de journée les champs les plus raides. Nous construisions notre propre luge avec des sacs de grain que nous remplissions de paille avant de les fermer avec de la ficelle. Notre luge rudimentaire traçait un parcours qui s'apparentait à une véritable piste de bobsleigh.

Pour nous réchauffer, nous allions chercher du bois à l'extérieur avec une brouette et nous le rapportions au sous-sol, à proximité de la chaudière. Dans la salle à manger, une longue tablée accueillait l'ensemble de la famille : oncles, tantes, cousins et cousines, nous étions rarement moins d'une quinzaine pour ces repas conviviaux et chaleureux qui m'ont vu grandir. Ma grand-mère préparait les repas pour tout un régiment. Je cuisinais avec elle, écaillais les truites et les brochets que pêchait mon grand-père, ou tournais le moulin qui écrasait les pommes de terre pour faire la purée. Les faitouts et les plateaux laissaient s'échapper la délicieuse odeur des produits du terroir. Au milieu des rires et des discussions, on ne s'entendait pas parler.

C'est dans ce cadre de vie campagnard que j'ai passé les huit premières années de ma vie qui furent, pour moitié, parmi les plus belles. L'innocence de l'enfance, la pureté de l'insouciance voyaient leur place prise la semaine par un tout autre contexte.

Jusqu'à l'âge de trois ans, ma mère m'a élevé seule. Pour elle, je n'étais pas l'enfant désiré qui rend heureux, mais plutôt une entrave. J'étais l'enfant gênant, celui dont elle ne savait quoi faire quand elle travaillait. J'étais souvent enfermé dans l'appartement où, par besoin d'évasion, il m'arrivait de regarder dangereusement par la fenêtre du septième étage. Mon unique compagnie était mon imagination et la télévision. Je m'identifiais à Son Goku, le petit garçon fort au cœur pur de *Dragon Ball*. Alors, je donnais des coups de poing dans le vide pour défaire, comme lui, mes adversaires imaginaires et soulevais ce que je trouvais de plus lourd pour imiter les entraînements prodigués par son maître, Tortue Géniale.

Il arrivait aussi que ma mère m'amène chez les personnes pour qui elle faisait des ménages et où je passais souvent des journées entières enfermé seul dans une pièce vide. Un de ses employeurs s'appelait M. Merrat et était chasseur. Alors que j'avais dix-huit mois, son chien bondit sur moi et me mordit violemment au visage, de l'œil droit jusqu'au menton. Je hurlais. M. Merrat, chirurgien de métier, s'empressa de recoudre mon visage ensanglanté et défiguré qui mit longtemps à cicatriser. Cette attaque me laissa une appréhension des chiens durant toute ma petite enfance !

Alors que j'avais trois ans, ma mère rencontra un homme, Walter. Au bout de cinq ans, ils décidèrent de vivre ensemble et nous avons emménagé dans un appartement de l'autre côté de la rue. Moi qui dormais toujours dans le même lit à barreaux au pied de celui de ma mère, j'eus enfin une chambre pour moi tout seul à huit ans.

Ma mère a toujours refusé de dire qui était mon père. Mais elle m'avait eu seule à une époque où c'était mal vu. De ce fait, la mère de Walter la traitait avec mépris et ne l'a jamais acceptée. Hors de question donc de fonder une famille avec cet homme, puisque la sienne rejetait et refusait de recevoir sa compagne.

Malgré moi, j'étais un poids pour eux. Ma mère hurlait quotidiennement, Walter me rabaissait et me rendait transparent. Je m'enfermais dans ma chambre, le cœur lourd, empli de douleur et de ressentiments. J'étais l'enfant seul.

Le nouvel appartement se trouvait au premier étage. Inutile de m'enfermer, je sautais par la fenêtre pour m'évader. C'est donc à l'âge de huit ans que j'ai commencé à aller dehors et à découvrir le monde. J'ai dû apprendre à me socialiser car le rejet par ma mère et la solitude avaient fait de moi un enfant perdu et impulsif.

Dans ma nouvelle école, je n'avais pas de camarades et, à l'extérieur, peu voulaient jouer avec moi. Leurs parents disaient de ne pas me fréquenter et ma mère les soutenait en leur disant d'un ton agressif : « S'il vous pose problème, vous avez qu'à lui en coller une ! » Plutôt que de me protéger, de dialoguer, elle me jetait dans la fosse aux lions.

D'autres expressions comme celle-là m'ont vu grandir. J'ai ainsi souvent entendu : « J'aurais mieux fait de chier au lit le jour où je t'ai eu ! » Je me souviens d'une phrase en particulier. Lorsque je suis entré à la maternelle, je voyais mes copains avec leurs deux parents, alors j'ai demandé pourquoi nous n'étions pas trois. La réponse de ma mère a été : « C'est parce que, toi, je t'ai trouvé dans une poubelle. » J'avais trois ans, et j'ai pleuré à chaudes larmes. Comme je faisais aussi fréquemment des tours de table poursuivi par un martinet ou un nerf de bœuf, ma souffrance, ma détresse et ma rancœur étaient immenses.

Heureusement, le sport m'a aidé à surmonter toute cette frustration ! Près de chez moi se trouvait un petit gymnase où Jean-Marc Bertuzzi enseignait les arts martiaux japonais. Il instruisait ses élèves au judo, au jiu-jitsu et transmettait leurs valeurs morales, il devint donc mon *sensei*. Cette salle était pleine de vie, j'y voyais une sorte de refuge. Je n'oublierai jamais l'odeur si particulière des tatamis en tissu vert et rouge, le bruit du solide kimono blanc qui se tend brutalement quand on tire dessus avec vivacité, les chutes enroulées avec la main qui claque, les pieds qui frottent sur le tapis pour essayer d'envoyer la prise qui fera chuter le partenaire, tout cela me défoulait.

C'était mon nouveau monde, celui où j'allais me rendre chaque semaine suivre mes cours du soir pour les cinq années à venir.

Jean-Marc, notre *sensei*, était un homme gentil et souriant. Avec lui, nous apprenions, debout, à faire chuter l'adversaire de différentes manières, à l'immobiliser au sol, mais aussi comment se dégager quand on est soi-même acculé.

La discipline et les valeurs morales étaient mises en avant. Au début et à la fin de chaque cours, à genoux et parfaitement alignés, nous faisions les salutations à notre professeur et nous avions des diplômes sur lesquels était inscrit le *bushido*, le code d'honneur des samouraïs de l'ancien Japon : la modestie, la politesse, la sincérité, l'amitié, le contrôle de soi, le courage, le respect et l'honneur. Enfin, je découvrais des valeurs.

C'est à cette période que j'ai commencé à me passionner pour le cinéma. Je m'identifiais entre autres à Frank Dux, champion de karaté incarné par Jean-Claude Van Damme dans *Bloodsport*. Son maître, Senzo Tanaka, lui enseignait le *bushido* des samouraïs et il s'exerçait à l'art du combat avec le kimono. Franck Dux devait maîtriser son esprit et ressentir son environnement les yeux bandés, que ce soit lors des entraînements sur le tatami ou en servant le thé à table. Il devait contrôler son corps par la concentration et la respiration, ainsi les coups de l'adversaire n'auraient sur lui aucun effet. Une scène d'entraînement difficile m'avait profondément marqué. Attaché entre deux arbres, il est pieds et poings liés et son *sensei* tire sur les cordes pour lui faire effectuer le grand écart de force. À ce moment, Jean-Claude Van Damme hurle de douleur, avant de reprendre le contrôle sur son esprit et de maîtriser sa souffrance.

Je fis alors le lien : la pensée influe sur ce que nous pouvons réaliser.

Je me retrouvais aussi dans *Rocky* où Sylvester Stallone incarne un boxeur de la rue, seul, méprisé et rejeté de tous. Malgré ces difficultés, il reste bon avec tout le monde et ne cesse de croire en ses rêves. Il travaille dur et, même dans le doute, il n'abandonne jamais, jusqu'au jour où, enfin, il devient champion du monde et tutoie enfin ses rêves !

Cela illustre un état d'esprit : on ne choisit pas sa situation de départ, mais on peut choisir qui on veut devenir. Ces principes philosophiques me correspondaient, c'était vraiment ce que j'aimais !

Motivé grâce à mes héros préférés et à Jean-Marc, j'ai progressivement obtenu mes ceintures au fil des ans : la jaune, l'orange, la verte et enfin la bleue, à laquelle je me suis arrêté.

Malgré mes absences, mes erreurs, mes bêtises, le *sensei* a été bienveillant à mon égard, toujours dans la discussion et la pédagogie. Aujourd'hui, je suis toujours en contact avec Jean-Marc, et nous avons pris l'habitude de nous retrouver une fois par an autour d'un bon repas. *Sensei* un jour, *sensei* toujours !

Lors de ma cinquième et dernière année de judo, en parallèle, j'ai commencé le vélo. C'est immédiatement devenu une passion dévorante. J'avais ce qu'on appelle un « bicross », le même vélo que celui d'Elliott dans *E.T.*

*l'Extraterrestre* quand, dans cette scène mythique du film, il s'envole devant la lune.

J'ai commencé à sauter des trottoirs et à suivre quelques copains qui se rendaient sur un parcours avec des bosses de terre spécialement prévues à cet effet. Il n'y avait pas d'autorité qui me contrôlait, me rabaissait ou m'ignorait, pas de structures avec des règles imposées.

Sur mon vélo, j'allais là où je voulais quand je voulais. Je découvrais un peu plus le monde, je m'évadais ! Loin de chez moi, loin de l'école, loin des soucis, mon BMX me permettait de trouver un second souffle, un souffle de liberté !

J'avais douze ans, une nouvelle page de ma vie allait s'écrire.

# 2.

Si je devais résumer mon initiation au BMX, ce serait : *no pain, no gain* ! Littéralement, « pas de douleur, pas de résultat ». Ce fut mon credo pour aborder ce magnifique sport, physiquement traumatisant et mentalement éprouvant, qui pousse à dépasser ses limites. Attiré, je me lance dans le monde du BMX, un sport extrême. L'objectif ? Réaliser avec mon petit vélo vingt pouces des sauts en l'air en exécutant des figures originales.

*B* pour bicycle, *M* pour moto et *X* pour cross : BMX symbolise le croisement d'un vélo utilisé comme une moto. Ce sport a été créé dans les années 1970 aux États-Unis, juste après l'apparition des courses de motocross sur des circuits de terre à bosses. Tout le monde ne pouvant pas s'acheter une moto et un camion pour s'y rendre, certains ont commencé à utiliser ces mêmes pistes mais avec des vélos spécifiques, ainsi naissait le BMX.

De mon côté, lorsque j'ai démarré, mon vélo sortait des poubelles, bricolé, rafistolé, avec même un tube de selle ressoudé sur le cadre.

Hiver comme été, pluie ou beau temps, gel ou canicule, pour nous trouver, mes amis et moi, c'était sur la piste à dix kilomètres qu'il fallait venir nous chercher.

Cette piste est devenue ma seconde maison, ou plutôt ma résidence principale.

Le parcours était en terre recouverte de schiste rouge. Je m'élançais du départ en descendant une pente raide pour arriver à une première simple bosse sur laquelle je roulais avant de me ruer à toute allure sur une double bosse que je sautais. J'avais l'impression de voler ! Après elle se présentait un nouvel obstacle de forme plate, que nous appelions « la table ». La plupart du temps, c'était ici qu'avec mes nouveaux amis, nous nous postions et que nous nous exercions à quelques figures acrobatiques, les *tricks*. Sur cette bosse, nous tentions d'abord nos nouveaux *tricks* en retombant sur le plat, puis les reproduisions en la survolant. Je faisais partie d'un groupe, un *crew*, et j'apprenais le jargon spécifique venu des États-Unis ou lâcher une main se disait *one hand*, les deux, *no hand* et entièrement le vélo en l'air, *nothing*, etc.

Pour la première fois de ma vie, l'indifférence faisait place aux encouragements pour tenter le saut, et le mépris aux félicitations, tant pour avoir réussi que pour avoir essayé. Progressivement, je prenais confiance en moi. Je découvrais l'esprit de groupe, la véritable camaraderie. Quand un trick était réussi, on criait, on se tapait sur l'épaule, on se checkait. En constatant que je pouvais effectuer des figures de plus en plus difficiles, je compris que je valais mieux que ce qu'on m'avait fait croire. Mon estime de soi remontait en flèche. Être applaudi plutôt que brimé, être entre amis plutôt que seul, bref, se sentir aimé. C'était l'esprit du BMX et ça me plaisait !

En même temps que la piste de bosses, j'ai commencé à m'intéresser à un autre concept venu des États-Unis : le *half-pipe*. C'est une haute rampe à la structure métallique en forme de U recouverte de plaques en bois. J'avais entendu dire qu'à l'ASPTT, un complexe sportif proche de la piste, il y en avait une, alors j'ai voulu voir.

Je m'étais déjà procuré une cassette VHS en noir et blanc de *Ride On* (1992). Je la repassais en boucle, à tel point que la bande en était usée ! J'y ai découvert Matt Hoffman, la légende, ma légende ! Il est au BMX ce que Michael Jordan est au basket, ce que Mohamed Ali est la boxe. Dans cette vidéo, j'admirais ses performances, je découvrais les figures que nous pouvions faire sur le fameux *half-pipe*, j'étais subjugué !

Quand je me suis rendu pour la première fois à cette rampe, j'ai été stupéfait ! Au sommet de l'imposant ouvrage, sur la plateforme, je vis un certain Romaric Fath. Il trônait sur son BMX et, je ne le savais pas encore, mais il avait été une dizaine de fois champion du monde dans les différentes disciplines de notre sport. Il était titré dans les figures sur terrain plat, discipline qu'on appelle le *flat*, dans les sauts sur bosses avec figures, discipline connue sous le nom de *dirt* et, bien sûr, dans ce qui m'attirait le plus à ce moment-là, le *half-pipe*.

Matt Hoffman et Romaric Fath avaient un look similaire, cheveux longs jusqu'au milieu du dos, même vélo, même casque intégral, même pare-pierre, et, d'une certaine manière, même classe.

Le fait de voir Romaric Fath, décuple champion du monde, là, devant moi, palpable, pratiquant son art avec virtuosité, me transcendait au plus haut point. Élancé dans les airs, il lâchait les deux mains, puis les deux pieds, stoppait en équilibre sur la roue avant au sommet de la rampe avant d'en redescendre… Autant dire que, du haut de mes douze ans, j'étais comme extasié.

J'y suis retourné régulièrement et, voyant au fil des semaines ce jeune adolescent admiratif que j'étais, un jour, comme dans un rêve, il me proposa d'essayer. J'espérais cet instant depuis longtemps, j'étais si content !

Évidemment, malgré la difficulté, je n'ai pas hésité une seconde. Je me suis empressé de monter sur la rampe, j'ai fait des allers-retours et, rapidement, j'ai frôlé son sommet. Romaric m'a alors demandé si je me sentais d'essayer de monter sur la plateforme, ce à quoi j'ai acquiescé instantanément. J'ai donc fait à nouveau des allers-retours, puis j'ai pédalé aussi vite que possible et me suis élancé jusqu'au sommet d'où Romaric m'a attrapé par le bras pour m'aider. J'étais heureux et excité à la fois ! Le sourire jusqu'aux oreilles et le regard pétillant, je me suis approché du vide que j'allais devoir descendre. J'ai demandé conseil à Romaric, mais je ne lui ai pas laissé le temps de répondre, mon caractère impétueux m'a poussé à y aller, ce qui l'a laissé bouche bée. Arrivé en bas de la haute rampe en bois, j'étais déséquilibré mais je n'avais pas chuté ! Mon cœur palpitait et j'étais euphorique ! Pensez, un tel exploit…

Romaric, surpris, m'a félicité en m'expliquant qu'il était rare de réussir dès la première fois à monter en haut de la rampe puis d'oser en redescendre aussitôt.

À partir de ce jour, je rejoignais Romaric autant que possible chaque fois qu'il s'entraînait. Il finit par me proposer de prendre une licence à la fédération afin d'être couvert en cas d'accident et de pouvoir participer aux compétitions. En septembre 1996, j'avais treize ans, je me suis engagé et une folle aventure commençait !

Le BMX devint une obsession !

Je pratiquais, je m'entraînais, je répétais mes gammes jusqu'à atteindre la maîtrise, puis la perfection.

Pour les copains avec qui je sautais les trottoirs au début, c'était un loisir ; pour moi, c'était devenu ma raison d'être !

J'y pensais de l'aube au coucher du soleil, je me projetais mentalement sur la rampe et sur la piste. Je revivais les mouvements effectués dans la journée, je me corrigeais. Je m'efforçais aussi de visualiser les figures que je n'arriverais pas encore à réaliser. Bien souvent, dès le lendemain, je réussissais à les faire grâce à ce travail de préparation mentale.

Je crois en la pensée créatrice. La visualisation, puis la manifestation par la concrétisation, ce que certains appellent la « loi de l'attraction », mais que je préfère appeler « loi de l'abondance ».

Pour moi, la kinesthésie est importante. On ne peut matérialiser que ce qu'on visualise. Quelle que soit notre croyance, en l'univers ou en un dieu, c'est nous qui matérialisons ce à quoi nous pensons le plus fort. Tout ce qui existe depuis le premier homme sur la terre s'est d'abord manifesté immatériellement dans son esprit avant de se concrétiser matériellement par son action.

Dans le cas présent, je me visualisais en champion du monde. Pour moi, seule la première place compte, la deuxième me frustre. Mon unique option, gagner ! Je me fixe un objectif et ne me donne aucune échappatoire. C'est sans plan B, quand je suis acculé, poussé dans mes derniers retranchements, que mon vrai potentiel me fait réaliser des exploits. Soit je réussis, soit je meurs en essayant !

Pour atteindre mon objectif, il me fallait aussi un exemple à suivre. Personnellement, j'ai toujours cherché à m'identifier au meilleur, et la légende de ce sport était Matt Hoffman. Alors, je m'imaginais être lui. Je prenais exemple et essayais de reproduire ce qu'il était capable de faire, jusqu'à atteindre mon plus haut niveau. J'y ajoutais aussi ma personnalité. Jusqu'à aujourd'hui, c'est ma manière de procéder !

Les personnes « supérieures » à moi, j'entends par là dotées de génie dans un domaine précis, me passionnent, me fascinent ; plutôt que de les jalouser avec un regard méprisant, j'admire leurs accomplissements. Je les prends pour mentors et m'inspire d'elles pour me réaliser ! Si elles l'ont fait, je peux le faire. Comment ont-elles fait ? Je vais trouver et l'appliquer pour y arriver à mon tour !

Afin de parfaire mon art, j'ai donc participé à plusieurs championnats, dont ceux de France. Mes premiers furent à Chelles. Ensuite, nous sommes allés à Limoges, Calais, Nantes, Biarritz, Palavas-les-Flots, Colmar, puis en Belgique, à Bruxelles et Anvers, et en Suisse : Genève, Berne, etc. Toutes ces expériences, couplées à un entraînement obsessionnel, m'ont amené à gagner deux championnats de France, le premier à Vitry-sur-Seine et le second à Bordeaux.

En 1999, Romaric et moi participions aux championnats du monde à Madrid, en Espagne. J'avais si peu de moyens que j'ai passé ma première nuit sur le parking du site à dormir entre deux barrières sous une plaque en bois, mais peu importe, j'étais aux Worlds. Heureusement, le lendemain, Romaric s'étant entretenu avec son sponsor, ce dernier accepta que je partage sa chambre. Dans le même hôtel logeait la star canadienne, Jay Miron, dont je visionnais depuis plusieurs années les passages en boucle sur ma cassette VHS usée. Je le croisais chaque jour émerveillé !

Inspiré par la présence d'une de mes idoles préférées, et pour avoir donné le meilleur de moi-même, je deviens vice-champion du monde dans la catégorie de départ appelée « experts ». Cette deuxième place ne me satisfaisait pas. J'étais frustré : je voulais être le premier!

Deux ans plus tard, nous nous rendons, Romaric et moi, à Cologne, en Allemagne, pour les championnats du monde de 2001.

Avant la compétition, je suis allé tester la rampe. Alors que je récupérais mon souffle, je vis quelqu'un monter sur le *half-pipe* : Matt Hoffman ! J'allais partager un entraînement improvisé avec la légende qui était mon mentor depuis toutes ces années ! Chacun de ses passages faisait vibrer la rampe, et il enchaînait des figures toutes plus impressionnantes les unes que les autres. Il s'élevait à des hauteurs vertigineuses. Les yeux levés vers le ciel, je contemplais le maître incontesté. Seuls quelques rares initiés sont capables de dépasser les trois mètres au-dessus d'une rampe de quatre mètres. Cela demande une grande maîtrise et beaucoup de courage. Forcément, je ne pouvais que donner le meilleur de moi-même, et une de mes spécialités était, pour moi aussi, d'aller très haut.

Nous avons ainsi échangé quelques passages après lesquels Matt Hoffman s'est approché de moi sur la plateforme, m'a regardé puis il m'a parlé… Il était surpris de me voir atteindre des hauteurs proches de la sienne et venait m'en gratifier ! C'était incroyable, l'homme que le monde entier appelait le Condor parce qu'il s'élevait à des hauteurs vertigineuses venait me féliciter de faire partie du cercle fermé des riders capables du même exploit ! Avec cette simple discussion, j'avais déjà le sentiment d'être champion du monde avant même le début de la compétition. Être reconnu par Matt Hoffman était pour moi la plus grande consécration qui soit !

Le lendemain, le jour J, j'étais à bloc, dopé par mon aventure de la veille. Nous étions une vingtaine de concurrents venus des quatre coins du monde. Je me sentais léger, libéré, mon passage était fluide, esthétique, aérien, artistique. Puis, je me lançais pour effectuer ma derrière figure, un *back flip*, celle-là même que faisait Matt Hoffman à la fin de ses runs. En l'air, la tête en bas, je n'entendais plus rien, rendu sourd par l'enjeu. Puis, au moment même où mes deux roues ont touché le sol, des cris m'atteignirent. Subitement, j'entendais de nouveau. J'avais parfaitement réussi mon arrivée, mon atterrissage, devrais-je dire. Tout le monde est venu me féliciter...

Lors des championnats du monde, le protocole de remise des prix est assez long, puisque toutes les catégories et disciplines sont appelées. Surtout, en compétition, le doute demeure tant que le juge n'a pas donné le nom de tous les gagnants. L'attente était interminable et mon cœur battait vite et fort. J'avais tout donné jusqu'à m'en casser une côte, mais l'espoir anesthésiait ma douleur.

Enfin, le juge s'approcha du micro, prit une profonde inspiration et cria mon nom. J'étais champion du monde de BMX à dix-sept ans !

Je n'ai pas compris tout de suite, mais quand Romaric m'a pris dans ses bras en clamant : « Champion du monde ! Champion du monde ! », j'ai pris la mesure de ce que j'avais fait.

*Yes, sir, BMX World Champion !*

Je suis rentré chez moi à 3 heures du matin. Heureux, j'ai clamé dès la porte d'entrée passée : « Je suis champion du monde ! » Ma mère m'a lancé un regard méprisant et m'a intimé sèchement sur un ton agressif : « Va te coucher. Demain, il y a de l'école ! »

Heureusement, ce titre m'a ouvert des portes. J'ai eu quelques sponsors, comme One Move, dirigé par Remy Walter. Ce dernier organisait aussi des événements. Il était chargé de mettre en place un *half-pipe* lors du festival Urban Peace ! Les plus grandes stars du hip-hop français se réunissaient au Stade de France le temps d'un concert monumental.

Ce fut l'événement le plus impressionnant que j'avais jamais vécu jusqu'alors. Il y avait plus de quarante mille personnes qui hurlaient. La scène, la rampe et moi-même avons vibré toute la soirée ! J'ai effectué mon show dans une atmosphère surréaliste, mes passages s'effectuaient lors de la rotation des artistes. J'étais entouré de JoeyStar, Kool Shen, Kery James, la Fonky Family, les Nèg' Marrons, Oxmo Puccino et tant d'autres. C'était fou !

# 3.

Mon titre de champion du monde restera à jamais gravé dans ma mémoire.

Malheureusement, je me suis déchiré les ligaments croisés du genou droit lors d'un entraînement. J'ai souffert pendant près d'un mois, je ne pouvais ni fléchir ni tendre la jambe. Ma mère et Walter ne m'accordant aucune attention, j'ai attendu que ça passe, allongé sur mon lit. Quand la douleur a commencé à s'atténuer, j'ai voulu tester mon genou. J'ai exécuté différents mouvements mais, à la réception d'un saut, mon genou s'est tordu et, au lieu de fléchir, ma jambe s'est déboîtée. Je me suis senti mal à vomir ! Je suis resté allongé un long moment, jusqu'à ce que les nausées passent, j'avais rarement été aussi mal. Ma jambe est restée raide sans que mon genou puisse fléchir pendant un mois. Alors, je suis allé seul et à pied voir la doctoresse qui me suivait depuis ma naissance. Après le test du tiroir, elle m'annonça une rupture des ligaments croisés et que la seule solution était l'opération. Rendez-vous fut pris et, aussi incroyable que cela puisse paraître, mon ménisque externe a été enlevé lors de l'intervention sans même me demander mon avis. Le chirurgien m'expliqua par la suite que mon ménisque avait implosé quand ma jambe s'était déboîtée. Si l'on m'avait amené voir un médecin dès le départ, ça ne serait jamais arrivé !

Après six mois de convalescence et sans possibilité de reprendre les entraînements, plus rien ne sera jamais pareil…

Je savais que la blessure était un passage quasi inéluctable chez les sportifs de haut niveau, mais ce fut très difficile à vivre, tout au moins au début. À ce moment-là, j'étais sélectionné pour les X Games européens de Barcelone et j'envisageais d'aller faire carrière aux États-Unis. Ma vie sportive s'arrêtait brutalement, je voyais tous mes projets s'envoler.

Je me sentais perdu, sans repères, telle une feuille d'arbre dérivant au milieu de l'océan au gré du vent et des courants. J'essayais de me dire que c'était une période transitoire, que tout sportif blessé, tout entrepreneur en faillite ou toute personne qui divorce connaît. On peut parler de « blues », mais c'était plutôt une dépression ! Et comme si ce n'était pas assez, la rampe sur laquelle je m'entraînais pour mon rétablissement se dégradait à vue d'œil, sans que l'on songe à la restaurer, et je voyais avec elle mes rêves partir en fumée.

Pour autant, une petite flamme intérieure me maintenait. Je me répétais : « Aie confiance en l'univers ! » Je sentais qu'un signe était proche, que je devais être attentif, qu'une main pouvait se tendre à tout moment pour me relever.

L'opération du genou me faisait souffrir. Afin de m'occuper, Tong Vien, un ami vietnamien du lycée me prêta une cassette VHS. C'était un film culte avec Jet Li, *Il était une fois en Chine*, qui raconte la Chine de la fin du XIX<sup>e</sup> siècle. Sous l'influence occidentale, elle se transforme vite, trop vite, et les valeurs morales traditionnelles se perdent en faveur du profit. Wong Fei-hung, maître en arts martiaux et en médecine chinoise, voit tout cela d'un mauvais œil. Il prend la tête d'une milice locale et s'efforce de préserver ce qui peut encore l'être dans ce grand chambardement des valeurs.

La culture me séduisait, je découvrais le rapport de respect et bienveillance des uns envers les autres, ainsi que la pensée chinoise, subtile et raffinée. Je regardais ce film en boucle, je voulais ressembler à ce maître de kung-fu qui se comporte avec droiture, utilisant la médecine chinoise soit pour vaincre ses adversaires grâce aux points vitaux d'acupuncture, soit pour soigner les gens en détresse. Ce film est immédiatement entré en résonance avec les arts martiaux de mon enfance.

Un jour, je vis à la télévision un documentaire de National Geographic sur les légendaires moines de Shaolin. Dans ce temple chinois, vêtus des longues toges ocre orangé, ils pratiquaient l'art millénaire du kung-fu à mains nues et avec des armes mystérieuses dont j'ignorais jusqu'alors l'existence. Ils récitaient des *sutras* bouddhistes, vivaient dans de sublimes montagnes embrumées et cueillaient des plantes pour se soigner.

J'avais trouvé, ça me correspondait, c'était exactement ce que je recherchais ! Shaolin me passionnait, je voulais en savoir plus et commençais à chercher tout ce que je pouvais trouver sur le sujet. Au début des années 2000, Internet en était à ses balbutiements, ses contenus très faibles. Nos seules sources étaient les livres, la télévision, les cassettes VHS, qui faisaient place aux DVD, et les magazines.

Ainsi, c'est avec le DVD d'un maître reconnu enseignant les bases du kung-fu que j'ai commencé à apprendre les arts martiaux de Shaolin. Je mémorisais d'abord les séquences dans mon étroite chambre, puis je les reproduisais de tête à l'extérieur.

Il y avait dix-huit bases et j'avais scellé un pacte avec moi-même : en apprendre une par jour ; et je les ai apprises en dix-huit jours ! Je passais des heures à pratiquer, à répéter, je ne faisais que ça, je ne pensais qu'à ça, je me visualisais moine Shaolin dans la tenue ocre orangé !

Il y avait aussi des enchaînements à mains nues, qu'on appelle *taolus*, et l'utilisation d'armes allant des plus simples, comme le bâton, jusqu'à l'incroyable chaîne à neuf sections qui, à ce moment-là, était ma préférée.

J'étais à l'affût des dernières actualités dans les magazines pour trouver du contenu sur Shaolin.

Un jour, je vis en couverture maître Zong Hong, qui vécut au temple dans les années 1980 et fut ordonné moine sous le nom de Shi Yongjun.

Je découvris que, à cette période, c'est-à-dire au printemps 2004, maître Zong Hong enseignait à Paris.

Il organisait pour ses élèves un séjour d'été en Chine au légendaire monastère. Tout excité par une telle perspective, je décidais de candidater. J'ai pris une feuille et un stylo, ai écrit ma petite lettre, ai timbré l'enveloppe et l'ai postée. Une semaine après, je recevais une réponse me proposant un rendez-vous à Paris.

Le GPS n'existant pas, c'est muni d'une carte traditionnelle que je me suis rendu tant bien que mal chez maître Zong Hong. Lors de cette rencontre, les modalités m'ont été communiquées, la date de départ, le programme d'entraînement ainsi que les lieux que nous allions visiter. À l'issue de ce premier échange qui ne me permit pas d'en apprendre beaucoup plus sur maître Zong Hong, j'ai réglé le stage pour partir avec lui.

Le grand départ était planifié pour août 2004, il ne me restait donc que trois mois pour m'entraîner, je redoutais vraiment de ne pas être à la hauteur. Seul avec mon DVD, je regardais les moines Shaolin travailler leur endurance. Ils couraient à toute allure jusqu'au sommet du mont Song où ils s'entraînaient infatigablement au kung-fu. Je reproduisais cela à dix minutes de chez moi. Le site de Montaigu, vestiges d'un oppidum gallo-romain détruit en 1240 après le traité de Troyes, devenait mon mont Song à moi. Je partais à pied du site et m'élançais jusqu'au sommet en courant sans m'arrêter, c'était plus qu'éprouvant. Sous un chêne, je répétais inlassablement les dix-huit bases pendant des heures. Toute l'essence de Shaolin y réside, c'est comme le tronc d'un même arbre auquel sont accrochées des centaines de branches. Dans ces dix-huit bases, on retrouve les différentes postures, comme celles du cavalier ou de l'archer, ainsi que les différents coups de pied et des membres supérieurs, comme ceux portés avec la paume et le poing.

Je répétais des formes à mains nues et ensuite des formes avec armes. Mon but était d'atteindre la perfection ! Sur le téléviseur-magnétoscope, tous ces mouvements étaient difficiles à comprendre. Avec la télécommande, j'enchaînais en boucle « lecture », « pause », « retour », « ralenti »… Chaque forme demandait énormément de temps, de répétitions et de visualisation.

Le bâton est la première arme que j'ai étudiée. Facile à trouver, il était aussi le plus à ma portée. Restreint par l'espace, je commençais par apprendre un enchaînement avec un court manche à balai dans ma chambre, où j'ai cassé de nombreuses ampoules ! Je prenais ensuite de l'amplitude à l'extérieur avec un tuteur pour plantes en bambou que j'avais trouvé en bas de chez moi. Je recommençais avec l'enchaînement suivant et ainsi de suite pendant plus d'un mois jusqu'à connaître entièrement le *taolu*.

En ce qui concerne la chaîne à neuf sections qui m'impressionnait plus que tout, il était très difficile à cette époque de s'en procurer une. J'ai finalement trouvé un distributeur dans la pub d'un magazine pour la commander et j'ai patiemment attendu le précieux colis ! Dès que je l'ai reçu, je me suis senti aussi heureux qu'un enfant découvrant avec joie son cadeau de Noël ! D'un chrome étincelant, elle mesurait un mètre trente et pesait deux cent cinquante grammes.

J'ai voulu la faire tourner dans ma chambre, mais, entièrement déployée, elle frappait le sol et le plafond. J'enroulais donc les premiers maillons autour de ma main et, comme pour le bâton, j'apprenais dans ma chambre quelques mouvements et m'empressais de les reproduire de mémoire sur mon lieu d'entraînement.

Grâce à ce travail acharné, je progressais rapidement et, me sentant à l'aise, j'ai voulu exécuter le *taolu* aussi vite que le maître dans le DVD. Ce qui devait arriver m'arriva… Lors d'un mouvement pendant lequel la chaîne devait passer dans le creux du cou, l'extrémité a dévié et sa pointe en métal m'a percuté violemment un œil ! Choqué, j'ai posé la main sur mon visage, qui me fit souffrir pendant un long moment. Quand la douleur s'est apaisée, j'ai enlevé ma main et l'ai regardée pour savoir si je saignais, mais je voyais trouble. Un point noir et un voile blanc obstruaient ma vision. J'ai pensé que je m'étais crevé l'œil, j'étais paniqué ! Je suis vite rentré chez moi pour m'approcher d'un miroir. En observant avec insistance, je découvris du sang à la place de la pupille et je compris que c'était lui qui m'obstruait la vision. Inquiet, j'ai voulu montrer mon œil à ma mère, qui m'a dit : « C'est bien fait pour toi, t'a qu'à pas faire ça ! » On n'est jamais allés chez le médecin et j'ai attendu en espérant que ça passe. Les jours défilaient et la tache de sang diminua progressivement jusqu'à disparaître. Je garde depuis ce jour une appréhension chaque fois que j'exécute cette posture avec la chaîne.

Comme je voulais être prêt à temps pour me rendre à Shaolin, je m'entraînais chaque jour. Je me rendais autant que possible dans la forêt, où parfois, je me filmais avec mon caméscope, puis en rentrant, j'analysais attentivement mes mouvements dans les moindres détails.

C'était un devoir pour moi de maîtriser tout ce que je m'étais engagé à accomplir : apprendre les dix-huit bases, les trois *taolus* à mains nues ainsi que le bâton et la chaîne à neuf sections. C'était le défi que je m'étais imposé afin d'être à la hauteur le jour J, pour ma rencontre avec ces moines Shaolin à qui je voulais tant ressembler.

# 4.

J'avais vingt et un ans quand, en août 2004, je retrouvais maître Zong Hong à l'aéroport accompagné de son groupe d'une dizaine d'élèves. Nous nous envolions pour Pékin, capitale d'un gigantesque pays dix-sept fois plus grand que la France.

À peine sorti de l'aéroport, je sentais l'air chaud et lourd sur ma peau. Le bruit des klaxons était omniprésent, les voitures circulaient de manière désordonnée.

La ville en pleine mutation était impressionnante. Partout, des travaux étaient en cours : immeubles, autoroutes, centres commerciaux... Une partie du vieux Pékin se transformait alors en une métropole ultramoderne sur le modèle des grandes cités occidentales.

Le soir même, nous prenions un train-couchette avec la perspective d'un long voyage de nuit. Des vendeurs animèrent la soirée, certains nous firent découvrir des objets curieux et inattendus, tandis que d'autres proposèrent de la nourriture. On pouvait même trouver, entre les wagons, des fontaines d'eau chaude pour faire son thé. Les voyageurs discutaient entre eux et partagèrent leur repas. Cette atmosphère si spécifique me manque encore aujourd'hui.

Le lendemain, nous descendions à la gare de Zhengzhou. Dans la province du Henan, au centre de la Chine, j'allais découvrir un monde totalement différent de celui de Pékin. Sur l'autoroute fantôme qui venait d'ouvrir, où nous ne croisâmes quasiment aucun véhicule pendant deux heures, j'avais le sentiment d'être au bout du monde. En approchant de notre destination, je fus estomaqué par les impressionnantes statues sur le bord de la route. En équilibre sur des piliers d'une dizaine de mètres de haut, elles représentaient des moines guerriers s'entraînant au kung-fu.

Enfin, nous sommes arrivés à notre destination finale, Dengfeng, la ville située au pied de la montagne abritant le légendaire monastère. J'y ai découvert les tuk-tuks d'Asie, partout les klaxons résonnaient ; à cette époque, la signalisation au sol n'existait pas et des quantités incroyables de fils électriques étaient accrochées à des poteaux de manière totalement anarchique. Je pénétrai dans un nouvel univers !

Le temple était en cours de restauration et nous allions loger dans une école de kung-fu du temple tenue par un ancien frère d'armes de maître Zong Hong. L'entrée était magnifique, le portail ornementé de sublimes calligraphies chinoises et les murs couverts de fresques colorées.

Le portail franchi, nous découvrions une longue allée bordée de grands arbres feuillus du haut desquels chantaient des cigales par milliers.

Après avoir parcouru le globe terrestre pendant plus de quarante-huit heures, je n'avais qu'une hâte, découvrir ma chambre.

En poussant la porte en bois, je vis d'abord un sol en béton brut, puis, devant moi, une armoire rudimentaire et, à ma gauche, le lit tant attendu. Je l'ai regardé, ai lâché ma valise et me suis laissé tomber dessus. Ça a fait boum ! Je m'étais claqué la tête et ne comprenais pas ce qui venait de se passer. Je me suis levé pour passer la main sur le lit et, stupeur, le matelas était une dure planche en bois. Je compris à cet instant que c'était du sérieux, un entraînement dans des conditions proches d'un lointain passé allait commencer, fini de jouer !

Sur le chemin du réfectoire, une fois la clé de ma chambre récupérée, j'aperçus les dortoirs des élèves de l'école. Les murs étaient en briques rouges rejointoyées avec du ciment dégoulinant. Les sommiers : quatre planches en bois alignées ! Moi qui pensais mes conditions difficiles, je me dis que c'était une partie de plaisir en voyant les leurs !

Au réfectoire, je m'assis à une table ronde avec plateaux tournants, conçue de la sorte afin que tout le monde soit à égale distance du centre et ait pareillement accès aux différents mets. Tout était sauté au wok, ça sentait si bon ! Les plats étaient pleins de couleurs et passaient du salé à l'aigre doux. Chacun de mes repas fut un voyage aux mille saveurs.

J'ai jeté un œil par la fenêtre. Les jeunes élèves mangeaient dehors, accroupis à même le sol, un bol dans une main et des baguettes dans l'autre. Pendant tous les repas pris à l'école de kung-fu du temple, je me sentis gêné en pensant à eux. Si j'avais été à leur place, j'aurais sûrement envié la mienne ! Quand ils avaient fini de manger, ils nettoyaient leur bol à l'eau froide à l'extérieur. Le même robinet servait pour leur lessive et se doucher les jours de beaux temps.

Là-bas, j'ai vu des enfants de huit ans plus autonomes que des adolescents !

Toutes ces situations dont je faisais l'expérience me chamboulaient profondément. Elles allaient être pour moi le commencement de nombreux changements. Plus jamais je ne serai le même !

Après la présentation des lieux, maître Zong Hong nous détailla le programme. La journée commençait à 6 heures avec une heure de *qi gong* Shaolin à jeun. À 7 h 30, nous prenions notre premier repas composé d'œufs brouillés à la tomate accompagnés d'une soupe et de brioches à la vapeur. De 9 heures à 11 heures, nous allions apprendre le kung-fu. À 11 h 30, nous déjeunions, généralement du riz avec de la viande et des légumes. Nous reprenions à 14 h 30, pour trois heures de kung-fu, puis nous dînions vers 18 heures, de nouveau du riz, de la viande et des légumes. Le soir, à 20 heures, nous avions soit une heure de méditation dans une petite pièce vide pour recentrer notre esprit, soit une heure de tai-chi dehors, sous les arbres, pour relâcher les tensions musculaires. La méditation et le tai-chi sont calmes et apaisants, c'était parfait pour trouver le sommeil rapidement, ce qui était essentiel pour récupérer et nous donner la force de recommencer le lendemain.

Le *qi gong* est une gymnastique énergétique chinoise basée sur la médecine traditionnelle. On synchronise les mouvements avec la respiration, et les postures sont en corrélation avec les méridiens d'acupuncture, dont l'action est de faire circuler les flux organiques et tonifier les organes. Cette discipline est donc une méditation en mouvement. Ainsi, en plus de faire circuler l'énergie, notre esprit se vide de toute pensée, nous permettant par là même de trouver un calme intérieur. En le pratiquant, je ressentais un bien-être intense. J'étais dans un état de quiétude après chacune de ces séances.

Si le *qi gong* a une finalité strictement thérapeutique, le *tai ji quan*, quant à lui, est un art martial. À l'image des scènes de film en *slow motion*, on effectue des mouvements de combat au ralenti afin que l'esprit se voie clairement exécuter l'action. Ensuite, on les applique en vitesse réelle avec un partenaire. Ces techniques ont été créées pour résister aux hordes mongoles de gabarits supérieurs. Au lieu de leur faire face, le pratiquant retournait la force de son adversaire contre lui. Pratiquer le *taolu* des cent huit postures demande une dizaine de minutes. Tenir des postures basses aussi longtemps renforce également la puissance des jambes, ce qui ancre ainsi notre stabilité tel un arbre solidement enraciné. Basé sur le principe du *yin* et du *yang*, le *tai ji* allie lenteur et vitesse, relâchement et explosivité.

Les entraînements me passionnaient ! J'avais passé les trois derniers mois seul et inquiet de ne pas être à la hauteur, mais, une fois sur place, je constatais que j'étais capable de faire mieux que les élèves de maître Zong Hong qui, lui aussi, l'avait remarqué. Mes entraînements quotidiens acharnés avaient payé ! Sans m'en rendre compte, bien qu'autodidacte, j'avais atteint un certain niveau.

Nous étudiions les *taolus* à mains nues ainsi que les formes armées avec, notamment, le maniement du sabre, de l'épée puis de la lance. J'avais une préférence pour le sabre, rapide, puissant et précis, j'aimais son maniement.

Dès que j'avais un temps libre, je perfectionnais ce que j'avais appris. Soit je refaisais les mouvements dans ma tête quand j'étais allongé sur mon lit, soit je les reproduisais en marchant jusqu'au réfectoire. Je répétais avant les cours afin d'être parfait devant les coachs et quand l'entraînement était fini, contrairement aux autres qui allaient se reposer, je travaillais encore un long moment ce que je venais d'apprendre afin de le comprendre, de le mémoriser et de l'exécuter aussi parfaitement que possible.

Je devais tenir ce rythme six jours sur sept, du lundi matin au samedi soir avec sept heures d'entraînement chaque jour. Le kung-fu était le plus éprouvant, il faisait très chaud, près de 40 °C. Nous devions répéter les *taolus* sous le soleil à un rythme si soutenu que parfois, je n'arrivais plus à respirer. La cadence des entraînements était si intense que mes jambes en tremblaient. Le soir, chaque pas pour me rendre dans ma chambre ou au réfectoire me faisait atrocement souffrir ! Heureusement, le *qi gong*, le *tai ji* et la méditation me faisaient beaucoup de bien. Après ces séances, je me sentais comme régénéré.

Après la première semaine d'entraînement, la fatigue se fit sentir et se lever à 5 heures le matin devint difficile. Malgré cela, j'étais très content de devoir me lever encore plus tôt le dimanche, qui était pourtant l'unique jour de repos. Debout à 4 heures, je prenais enfin la direction de Shaolin, situé à trente minutes de Dengfeng !

# 5.

Je touchais enfin mon rêve, visiter le fameux temple Shaolin ! Ce dimanche est gravé dans ma mémoire à tout jamais.

Arrivé au petit matin, je contemplais l'imposante statue d'un guerrier des temps passés. Posé sur un socle en pierre haut de plusieurs mètres, il se tenait debout, droit et fier dans sa tenue traditionnelle. Son regard courroucé scrutait l'horizon. Les manches retroussées, le poing droit contre la paume de sa main gauche ouverte à hauteur de poitrine, il saluait le visiteur.

Je sentais l'air frais de la rosée du matin et l'odeur puissante des résineux à travers lesquels passaient les premiers rayons du soleil levant. Émerveillé, je contemplais les magnifiques contrastes de l'aurore et respirais profondément l'effluve des arbres transporté par les fines gouttelettes de l'air humide. Devant moi s'ouvrait un chemin en pierres de taille noires, à ma droite, la montagne, à ma gauche, les arbres longeant le chemin où j'avançais.

Derrière ces arbres, de grands espaces accueillaient les milliers d'élèves vêtus de pantalons noirs et de vestes rouges de la plus grande école de kung-fu voisine au monastère. À cette heure matinale, alignés avec une rigueur toute militaire, ils s'y rendaient à petites foulées parfaitement synchronisées. Leurs pas renvoyaient un bruit assourdissant.

Plus je me rapprochais, plus le soleil s'élevait. Je découvrais progressivement l'atmosphère mystérieuse de l'endroit inconnu, j'étais dérouté. Après une heure de marche silencieuse, j'étais transporté par l'énergie calme et apaisante des lieux et s'offrait à moi le tant attendu tableau annonçant le lieu légendaire que je fantasmais depuis longtemps : Shaolin.

À l'autre bout du monde, dans les montagnes du centre de la Chine, j'admirais l'entrée du temple Shaolin ! Il était tôt et il n'y avait personne. J'étais captivé, les oiseaux chantaient dans les arbres parfaitement alignés face à l'entrée du monastère dont j'avais si souvent rêvé. Majestueux et mystérieux, je n'avais qu'une hâte, y entrer…

Ce temple aux mille cinq cents printemps a été construit en l'an 480 par l'empereur Xiaowendi pour Batuo, le prestigieux maître indien. Il se situe à quatre-vingts kilomètres de Luoyang, l'ancienne capitale de l'Empire. Le monastère est bâti sur le mont Song, à mille quatre cent quatre-vingt-onze mètres d'altitude, l'une des cinq montagnes sacrées de Chine.

Le mont Song symbolise l'élément terre, représentant la transformation. Dans la terre, la matière se décompose et nourrit la vie, une graine devient plante. Entrer à Shaolin, c'est aussi une renaissance !

*Shao* se réfère à Shao Shi, qui est un pic situé sur le mont Song, et *Lin*, à la forêt. *Shao Lin Si* signifie donc « monastère de la forêt du mont Shao ».

La vocation première du temple était de traduire les textes du bouddhisme *hinayana*. Ce terme désigne les écoles bouddhiques anciennes qui considèrent que l'univers est matériel, mais que les perceptions sont illusoires. Ces textes écrits en sanskrit étaient originaires d'Inde et étaient traduits à Shaolin.

Après sa visite au monastère, le vingt-huitième patriarche bouddhiste, Bodhidharma, en désaccord sur la forme pratiquée par les moines, s'est retiré durant neuf années dans une grotte du mont Song afin de méditer une solution. Ainsi est né le bouddhisme *mahayana*.

Le courant *mahayana*, au contraire du bouddhisme *hinayana*, conçoit que l'univers et les perceptions sont tous deux mutables et illusoires. Avant d'être connu comme le berceau des arts martiaux, Shaolin est celui du bouddhisme *mahayana*, *chan* en chinois et *zen* en japonais.

C'est à la fin du VIᵉ siècle, pendant les tumultes de la fin de la dynastie Sui, que les moines Shaolin ont organisé leur propre puissance militaire afin de subvenir à leur défense. Et c'est avec cette défense militaire et en soutenant le futur empereur Li Shimin qu'ils ont contribué à l'établissement de la dynastie Tang, qui fut la plus prospère de Chine. Cette histoire, connue comme étant celle des treize moines qui sauvèrent l'Empereur, est gravée sur une haute stèle. On peut encore la voir aujourd'hui dans une cour du temple, et elle est paraphée de la main de l'empereur lui-même. Depuis, Shaolin est devenu célèbre pour sa bravoure !

La vie au temple est régie par des rituels ancestraux. Chaque matin, les moines se réunissent pendant plus d'une heure pour réciter les *sutras* qui contiennent l'enseignement du bouddhisme. Cela se passe dans le grand hall Da Xiong Bao Dian, la « salle du Grand Trésor puissant ». Le bouddhisme est le trésor, le comprendre éclaire l'esprit comme la puissance de la lumière originelle.

Je me trouvais devant une impressionnante structure ancienne. Pour y entrer, nous devions enjamber la traditionnelle poutre en bois posée au sol et de la largeur de la porte. Le faire pour ne pas trébucher permet d'entrer en conscience. Pendant que les moines récitaient les *sutras*, je regardais tout autour de moi. J'observais les statues bouddhistes dorées au regard doux et apaisé, j'inhalais la fragrance spirituelle de l'encens émanant d'un gros encensoir en bronze et je scrutais le plafond haut de plusieurs mètres composé d'innombrables caissons colorés de bleu et de turquoise, parsemés de dragons rehaussés à l'or fin.

Un moine tenait un long manche, son extrémité était composée d'une boule de gomme destinée à percuter une sorte de poisson en bois. Cela générait des vibrations envoûtantes. Cet instrument de la tradition bouddhiste *mahayana* est utilisé pour battre le rythme des *sutras*. Les moines se calent dessus pour réciter les textes sacrés. Ils étaient enfin devant moi. Je compris que j'étais dans le temple Shaolin, face aux légendaires moines guerriers à qui je voulais tant ressembler !

Le cérémonial terminé, je suis sorti complètement perturbé. Je me trouvais dans un temple traditionnel chinois, je sortais d'une salle avec des statues de bouddhas d'or devant lesquelles les moines récitaient les *sutras*. De cet univers émanait une atmosphère spirituelle que je ne connaissais pas. L'effluve de l'encens, la vibration du poisson en bois, les mystérieux moines Shaolin dans leurs longues toges orangées, tout était nouveau et déroutant !

Le monastère était en pleine restauration, ce qui m'empêchait d'en découvrir plus et me laissait un peu sur ma faim. Ça ne pouvait pas se conclure ainsi ! J'allais en parler à maître Zong Hong, qui me rassura en me disant qu'il prévoyait de nous faire revenir. Mon cœur s'allégea.

La région où se trouve le temple est magnifique ! J'ai visité la forêt des Pagodes, qui se situe non loin du temple, un peu plus haut dans la montagne. Elle est appelée ainsi car elle constitue un ensemble de deux cent quarante-six pagodes en pierres et en briques. La tradition voulait que lorsqu'un maître décède, il y soit incinéré. Ses cendres étaient ensuite placées avec quelques effets personnels dans la base du stupa scellé par un bloc de pierre sur lequel étaient gravés son nom, son histoire ainsi que ses accomplissements.

Nous avons également pris un téléphérique vers un lieu historique situé à huit kilomètres du temple. En prenant de la hauteur, j'ai pu remarquer la forme des cinq pics de la montagne appelés Wu Ru Fen et symbolisant les cinq éléments (le bois, le feu, la terre, le métal et l'eau).

En s'éloignant du monde des hommes et en se rapprochant du monde des cieux, on découvre cette plénitude qui nous rend si heureux.

Nous avons ensuite visité la formation rocheuse de San Huangzhai, un phénomène unique au monde puisqu'on y retrouve les cinq strates des cinq aires géologiques : l'Archéen, le Protérozoïque, le Paléozoïque, le Mésozoïque et le Cénozoïque. C'est un musée géologique naturel à ciel ouvert.

Ensuite, j'ai emprunté un pont suspendu d'une falaise à l'autre. C'était effrayant et vertigineux. Peu à peu, au fil de la traversée, devant moi apparaissait quelque chose d'inimaginable, je comprenais où ce pont nous menait. À flanc de falaise, un monastère en pierre faisait face au vide. Intrigué, je ne prêtais plus attention ni au vide ni aux marches, je voulais vite découvrir ce surprenant endroit.

Le responsable de ce temple isolé, qui porte le nom de la montagne à laquelle il est accroché, se nommait Shi Dejian, il y cultivait les trois trésors de Shaolin : *chan*, *wu*, *yi*.

Le *chan* ou bouddhisme *mahayana* élève notre conscience et nos perceptions au plus haut niveau. *Wu*, signifie les arts martiaux qui renforcent le corps et qui sont mis en œuvre par la conscience qu'élève le *chan*. *Yi*, pour la médecine traditionnelle chinoise qui, exercée avec la conscience élevée du *chan*, permet d'obtenir des résultats exceptionnels. L'appréhender fait également évoluer notre kung-fu au plus haut niveau grâce à la compréhension de nos fonctionnements physiologiques.

À Shaolin, il est dit qu'une conscience élevée hébergée par un corps solide peut entreprendre de grandes choses sans que rien ne puisse l'arrêter, et que la médecine traditionnelle chinoise est un moyen noble de faire don de soi-même au monde en aidant les personnes souffrantes. En chinois, on dit *san bao hui yi*, qui signifie « trois trésors en un ». Ils sont indissociables. Isolés, ils ne peuvent être exercés de manière aboutie car la compréhension de l'un dépend de la connaissance de l'autre.

C'était extraordinaire d'avoir une conscience élevée comme les grands sages, pratiquer le kung-fu comme les grands maîtres et connaître la médecine chinoise pour se comprendre soi-même et guérir les autres. Je commençais à nourrir le dessein de devenir moi aussi un maître détenant la connaissance des trois trésors !

La découverte des lieux prenait pour moi un autre sens. Ce n'était pas un temple comme ceux que l'on voit habituellement, bâtis avec une belle structure en bois. Celui-ci était tout en pierres sculptées venant des blocs bruts extraits de la montagne. Après la visite, je me suis rendu sur la grande terrasse du temple, et ce que je voyais me laissait sans voix. Je discernais un océan de nuages flottant se perdant dans le lointain horizon, observant l'infini, je ne savais plus où finissait la terre et où commençait le ciel.

J'étais entouré de grands maîtres issus d'une lignée aux connaissances rarissimes.

Maître Zong Hong et maître Shi Dejian étaient antérieurement disciples du grand Shi Dechan (1907-1993) qui était responsable supérieur de Shaolin au siècle dernier en plus d'être reconnu par ses pairs comme plus grand praticien de la médecine traditionnelle bouddhiste du monastère.

Depuis 2009, cet endroit est officiellement le deuxième, après le temple originel, où résident les trois trésors de Shaolin.

Après une telle journée, je me disais qu'aucun retour en arrière ne serait possible. Je le sentais, quelque chose m'attendait !

# 6.

À l'issue de cette deuxième semaine d'entraînement, j'avais assimilé la pratique du sabre, de la lance, de l'épée ainsi que la boxe des *arhat*, tout comme le tai-chi, la méditation et le *qi gong*. Je me surprenais moi-même d'être capable de mémoriser autant de connaissances et, pour être sûr de ne pas les oublier, je n'avais de cesse de les répéter.

Le dimanche suivant, je visitais des sites historiques, pour certains d'un si grand âge qu'ils avaient vu le premier empereur de Chine.

D'abord la ville de Luoyang, située à deux heures de Shaolin, qui fut il y a mille cinq cents ans la capitale de la Chine. Sur les deux rives du fleuve Jaune qui la traverse au fond d'une large gorge, les anciennes grottes de Longmen se poursuivent sur un kilomètre à flanc de falaise. Elles rassemblent des milliers de statues bouddhistes sculptées dans la roche, c'était saisissant ! Face à un bouddha colossal d'une dizaine de mètres de haut, figé dans une profonde concentration, le regard dirigé vers le bas, j'ai eu l'impression qu'il m'observait. Partout, il y avait des grottes, des niches, des inscriptions, des pagodes par milliers… Je me souviens d'une niche en particulier dont les trois murs sont gravés de mille bouddhas, c'était extraordinaire. Je me suis demandé comment, il y a mille cinq cents ans, des hommes avaient pu réaliser de tels chefs-d'œuvre. Je les imaginais dans leurs habits traditionnels, certains au sol et d'autres suspendus à des cordes, avec leurs masses et leurs burins de bronze. Tout était sculpté à même le versant de la montagne, je n'en revenais pas !

Non loin de là, j'allais découvrir le premier temple bouddhiste de Chine, Baimasi. Son histoire remonte à deux mille ans. À l'origine, c'était une forteresse servant à loger les moines itinérants. Au fil du temps, l'établissement s'est progressivement transformé en lieu monastique, devenant ainsi le premier temple de Chine. La légende raconte qu'un jour, le cheval blanc qui transportait les rouleaux de *sutra* sur lamelles de bambou et accompagnait des moines itinérants s'était arrêté, refusant d'aller plus loin vers la capitale. L'animal aurait lui-même choisi les lieux comme étant divins ! La fonction de Baimasi, qui signifie « temple du Cheval blanc », était la traduction et la diffusion du bouddhisme dans tout l'Empire.

J'ai d'ailleurs le souvenir d'une cour inaccessible, la plus belle ! Elle préservait un magnifique jardin traditionnel chinois. Verdoyant et boisé, traversé par un paisible ruisseau enjambé d'un pont de lune, il accueillait en son centre un kiosque pour flâner et écouter les oiseaux chanter, c'était un lieu si harmonieux que je suis resté longtemps à le contempler.

De retour à Dengfeng, j'ai découvert une autre facette culturelle de la Chine, celle du taoïsme. Nous y avons visité le plus grand temple taoïste de toute la province du Henan. Daté de 500 avant notre ère, il se nomme Zhongyue Miao.

Avec le confucianisme et le bouddhisme, le taoïsme est l'un des trois piliers culturels de la Chine. L'origine de sa philosophie est souvent attribuée à Lao-tseu et son ouvrage supposé sur la Voie et de la Vertu (*Dao de jing*) menant au *dao*, dont le concept se traduit aussi par « l'origine de toutes choses ». En se cultivant avec vertu et détachement, on cherche à s'inscrire dans le fonctionnement naturel de l'univers en nourrissant la santé du corps, la quiétude de l'esprit dont découle la longévité du centenaire.

Afin d'en savoir plus concernant le troisième pilier culturel, nous avons pris la direction de Songyang, la grande académie d'enseignement supérieur du confucianisme. Bâtie en 484 sous la dynastie des Wei du Nord, on y formait les grands dignitaires prétendant à la cour de l'empereur. En plus du prestige des lieux, ce qui m'a le plus marqué lors de cette visite, c'est la présence d'un arbre âgé de quatre mille cinq cents ans. Il était si vieux et si imposant, que des piliers soutenaient ses branches afin qu'elles ne se brisent pas sous leur propre poids. Impressionné, je me disais qu'il était déjà là quand le premier empereur, Qin Shi Huangdi, unifiait la Chine en 200 avant notre ère. Je restais planté là, devant lui, avec cette pensée qu'il avait vu tant d'hommes, d'empereurs, de dynasties et d'époques, je trouvais ça incroyable !

À la fin de cette journée si riche en découvertes, je préparais ma valise car nous repartions à Pékin le lendemain. C'était empli de pensées que je pliais mes habits entre lesquels je plaçais quelques souvenirs, le plus important étant celui qui restera éternellement gravé dans mon cœur, celui de Shaolin !

Ce dernier jour dans l'école de kung-fu, j'entendis résonner des tambours en sortant de ma chambre. Nous avons eu droit à une haie d'honneur, les élèves nous attendaient alignés le long de l'allée principale, certains brandissant des drapeaux, d'autres en applaudissant. Un pas après l'autre, je les regardais. Plus j'avançais, plus mon cœur se nouait. Devant le portail calligraphié de l'entrée, des chaises nous attendaient. Nous nous sommes assis, puis les élèves ont formé un demi-cercle avant de nous offrir une impressionnante représentation. Vêtus de la tenue orangée, ils nous ont fait la démonstration de l'art unique du kung-fu Shaolin. Ils donnaient le meilleur d'eux-mêmes, j'ai pu voir les formes à mains nues, avec armes, seul, à plusieurs… ainsi que les représentations d'animaux comme le tigre, le singe, le dragon, etc. Cette puissance, cette dextérité, cette maîtrise, les voir ainsi se surpasser me confirmait bien que c'était la voie que je voulais suivre !

Maître Zong Hong nous a demandé si nous voulions bien, pour les remercier, faire une démonstration de ce qui nous avait été enseigné. Personne n'osait y aller et le silence se prolongeait. Dans ma vie précédente, quand mon existence était vouée au BMX, je faisais régulièrement des démonstrations. Alors, je me suis plongé dans le même état d'esprit, je me suis levé et j'ai fait une démonstration de *taolu* au sabre et au bâton. Il y eut un moment où, dans le feu de l'action, je me suis un peu perdu, mais je me suis vite rattrapé. Quand j'ai salué, tout le monde a applaudi en criant, c'était fou, ça me rappelait les championnats du monde, j'étais touché !

À l'issue de cette magnifique représentation, un diplôme nous a été officiellement décerné. Tous les *taolus* appris y étaient consignés et tamponnés du sceau officiel de l'école du temple Shaolin, validant ainsi les connaissances acquises.

Je quittais l'école le cœur lourd. Par la fenêtre du bus, je ne cessais de saluer les compagnons que je ne voulais plus quitter. La bienveillance de la culture asiatique, l'amabilité des élèves, leur accueil, leur gentillesse, longtemps ils me manqueront !

De retour à la capitale, le contraste entre le calme de Dengfeng et la frénésie pékinoise fut un choc.

J'ai commencé par visiter la démesurée place Tian'anmen. *Men* signifie la « porte », *tian*, le « ciel » et *an*, la « paix », c'est pourquoi on l'appelle « porte de la Paix céleste ». C'est la quatrième plus grande place du monde, elle mesure neuf cents mètres de long et cinq cents mètres de large. C'était la première fois que je me retrouvais sur une surface aussi vaste. Je n'avais jamais rien vu de comparable, je m'y sentais vraiment tout petit.

Au bout de cette place, j'aperçus progressivement les cinq petits ponts en marbre enjambant la Rivière aux Eaux d'or (Jinshui He) et menant à la porte de la Paix céleste. Haute de trente-cinq mètres, elle était le passage obligé pour se rendre à la Cité interdite où vivait l'empereur.

Une fois franchie, devant moi s'ouvrait une immense cour pavée de marbre blanc abritant des bâtiments séculaires surmontés de tuiles vernissées dorées, couleur que seul l'empereur pouvait utiliser. Se succédant sur un dessin parfaitement symétrique, l'apothéose de ces structures vertigineuses était sans nul doute le pavillon de l'Harmonie suprême. Pendant des siècles, c'était ici que se déroulait l'intronisation de l'empereur. Il y recevait aussi les plus hauts fonctionnaires, les plus grands dignitaires ainsi que les importantes délégations étrangères. Bâti dans le style architectural de la dynastie Qing, on peut encore admirer dans ce pavillon le trône en bois de santal rouge d'où le souverain commandait l'empire. Entièrement en bois massif, s'élevant à trente-cinq mètres de haut avec surface de trente-cinq mille mètres carrés, la mégastructure dépasse l'entendement !

Avec ses résidences réservées à la cour, ses jardins et ses bureaux, la Cité interdite est si grande qu'elle compte près de neuf mille pièces. Se rapprochant du chiffre neuf, la ville dans la ville était le symbole de longévité que cherchait à atteindre l'empereur.

Cette visite m'a médusé, l'empereur ne vivait pas dans un palais, mais dans une cité entièrement couverte de marbre blanc. Jamais je n'aurais imaginé que tant de magnificence puisse exister !

En soirée, nous nous sommes rendus au théâtre de Huguang. L'Opéra de Pékin y donne depuis deux siècles des représentations d'histoires et de légendes qui ont fait la grandeur de la Chine ancienne. Agréablement installé dans ce lieu riche en événements, dégustant un thé accompagné de ses mets, je me délectais du spectacle. Ce soir-là, il s'agissait de la légende de Sun Wukong, plus connu sous le nom de Hanuman, le Roi singe. Vêtus des costumes traditionnels, les acteurs faisaient vivre l'espiègle singe escortant le moine Xuanzhang jusqu'en Inde, où il se rendait afin de retrouver les textes du bouddhisme originel. Les acteurs se surpassèrent dans des scènes de combat avec un kung-fu hors pair. Devant ce spectacle inattendu, mon rêve se poursuivait !

Après cette soirée inopinée et avant de quitter le pays, nous sommes allés chevaucher le dragon chinois en nous aventurant sur l'incontournable Grande Muraille de Chine. Nous nous sommes rendus plus précisément à Simatai, située à deux heures au nord-est de Pékin. C'est la partie la plus sauvage et isolée du plus grand ouvrage jamais construit par la main de l'homme. Certaines sections comportent des murs et des tours de guet en ruine, nous invitant à faire un bond dans le temps. D'autres tronçons sont quant à eux parfaitement restaurés afin de pouvoir s'imaginer ce que pouvait être la vie sur cette barrière de briques et de pierres destinée à stopper le puissant envahisseur mongol.

Lorsque la montagne s'élève à la verticale, la Grande Muraille l'épouse tel un dragon s'élançant vers le ciel. C'est si abrupt que l'escalier taillé dans la roche s'escalade avec les mains comme une échelle, et quand les falaises plongent dans les profondeurs de l'inconnu, l'impensable construction ne fera de nouveau qu'un avec notre mère la Terre et la suivra où elle ira.

J'ai décidé de m'éloigner du grand public en m'aventurant sur une section isolée en ruine, et j'y retrouvai un peu plus d'authenticité. Je me suis arrêté dans une tour de guet. Elles étaient toutes séparées de deux portées de flèches, soit soixante-quinze mètres. Je pensais aux aïeux qui vivaient ici en proie au vent et au froid, isolés du monde. Dans ces tours, ils stockaient les vivres et les armes, ils y mangeaient, y dormaient et y combattaient. Je me suis dit que leur vie devait être vraiment difficile.

Au détour d'un pilier, j'ai regardé par une fenêtre afin de m'imaginer ce que pouvait voir un soldat des dynasties passées. Le panorama était époustouflant, le ciel intensément bleu, les montagnes verdoyantes et, le plus fantastique, la Grande Muraille qui ondulait, tel un dragon sans début ni fin, dans toutes les directions. L'air était frais et pur. Je suis resté là, ancré dans le moment présent, conscient de l'instant et de tout ce que j'avais vécu dans ce grand et beau pays. Mon séjour avait été si riche en découvertes. J'ai compris que j'étais tombé amoureux de la Chine, de sa culture, ancienne et raffinée, de ses temples aux toitures élégamment courbées, de la beauté de ses paysages naturels et de ses habitants.

Le peuple chinois est accueillant, chaleureux et bienveillant, je me sentais si bien que je ne voulais plus revenir en France. Avec cette première immersion, la Chine entrait dans mon cœur pour ne plus jamais le quitter. Je m'y sentais si bien, c'était ici que je voulais être, je n'étais pas encore parti et, déjà, je voulais revenir !

# 7.

Dans mon contexte familial, l'écoute et l'échange étaient inexistants. Que je voyage seul à l'autre bout du globe, à vingt et un ans et pendant trois semaines, a été totalement ignoré et passé sous silence. J'ai plutôt eu droit à : « Maintenant, faudrait peut-être que t'ailles travailler ! » et : « T'as gâché ton argent, t'aurais pu t'acheter une voiture ! » D'ailleurs, mes deux titres de champion de France de BMX, celui de vice-champion du monde, et même le Graal, celui de champion du monde, n'ont jamais fait l'objet de la moindre remarque. Pas un encouragement, pas de félicitations. Je ne recevais que critiques et brimades, le moindre prétexte était bon pour me rabaisser et m'humilier. On ne me demandait pas si j'allais bien, on ne prenait pas de mes nouvelles.

De retour en France, je reprenais une place qui n'était pas la mienne.

Lors de ma dernière année en bac pro comptabilité, des stages en entreprise m'ont clairement fait comprendre que mon dessein était ailleurs. Mais Walter, avec son air hautain et condescendant, y allait de ses : « Dans la vie, on fait pas ce qu'on veut ! » ; « Est-ce que je fais ce que je veux, moi ?! » ; « On t'a pas demandé ton avis ! » ; « Et si t'es pas content, c'est pareil ! » ; « Et maintenant, tu te tais, j'ai dit ! » ; « Pour qui tu te prends, toi ?! » ; « Exactement !!! ».

En septembre 2004, je suis donc allé en apprentissage de charpente. Je ne me sentais pas à ma place. Chaque jour, j'avais l'impression de perdre mon temps, de saboter mon destin. Au travail, j'étais physiquement présent et mentalement absent. Mes pensées étaient à dix mille kilomètres de là, à Shaolin !

J'avais hâte d'être au soir pour m'entraîner. En rentrant, je m'échauffais et m'étirais pour me rapprocher de l'incroyable potentiel physique que j'avais vu en Chine. Je répétais tout ce que j'avais appris à l'école de kung-fu, les *taolus* à mains nues, avec armes, le *qi gong*, le *tai ji* et la méditation : je ne voulais rien oublier !

Je voulais progresser et devenir toujours meilleur, alors j'ai pris une licence. Chaque mardi, en quittant l'entreprise, j'allais en train à Paris pour suivre les cours à la dure cadence du haut niveau avec maître Zong Hong.

Le matin, réveil à 5 h 30 pour me rendre à l'entreprise puis sur les chantiers. Toute la journée dans la boue, sous le soleil ou la pluie, je restaurais les maisons champenoises de Troyes. Au XVIᵉ siècle, un incendie a détruit l'ensemble de la ville. Ses maisons à pans en bois ont donc cinq cents ans, et voir ce que les hommes du Moyen Âge étaient capables de faire avec les moyens de l'époque me laissait souvent sans voix. Mais les conditions de travail et l'état d'esprit de mes collègues ne me correspondaient pas. Le midi, on se moquait de moi parce qu'au lieu de manger un sandwich et boire un coup au café du coin, je faisais chauffer mes plats équilibrés sur ma bombonne de gaz, seul dans le camion sale. Je n'avais qu'une hâte, que la journée se termine.

À 17 heures, nous quittions le chantier. Arrivés à l'entreprise, il fallait encore vider le camion, tout préparer pour le lendemain, c'était insupportable et je n'attendais qu'une chose, partir ! Je me dépêchais de monter dans ma voiture et fonçais vite à la gare. À un feu rouge, j'enlevais mes chaussures de sécurité, à un autre, je changeais mon pantalon plein de terre, à un autre encore, le pull, etc., jusqu'à arriver à la gare.

Une fois la voiture garée sur le parking, je courais jusqu'au quai dans l'espoir de ne pas rater mon train. Monté à bord, je m'asseyais enfin, puis, le ventre vide, je patientais les deux heures jusqu'à Paris. À la gare de l'Est, je courais jusqu'au métro, restais attentif aux stations pour changer de ligne, et courais encore jusqu'à la salle. Sur place, j'étais tout juste prêt pour le début du cours une fois ma tenue enfilée.

Nous étions une dizaine d'élèves et commencions par échauffer les articulations. Nous passions ensuite aux étirements puis répétions les *ji ben gong*, qui sont les bases du kung-fu. Enchaîner tout ça à une cadence folle après une lourde journée de travail, tard le soir et à jeun, me donnait parfois des vertiges, mais je ne laissais rien paraître. Après les bases, nous travaillions les indispensables *taolus*. Maître Zong Hong commençait par nous enseigner *xiao hong quan*, un enchaînement de soixante-douze mouvements qui comporte les bases des dix-huit *ji ben gong*. Grâce à ces entraînements intenses, je progressais rapidement !

Le cours durait une heure et demie, je sentais progressivement mes forces m'abandonner et, à la fin, je n'en pouvais plus. Quand il se terminait, je refaisais le périple en sens inverse, me dépêchais de me changer, courais rejoindre le métro jusqu'à la gare pour ne pas rater mon train. Quand j'arrivais trop tard, et ça m'est arrivé quelques fois, je dormais sur un banc de la gare en plein courant d'air, frigorifié, je tremblais. Sinon, je luttais contre le sommeil tout au long du trajet pour ne pas rater la gare de Troyes. À l'arrivée, le temps de récupérer la voiture, de rentrer chez moi et de manger, il était 2 heures. Après une journée de travail, l'aller-retour à Paris, l'entraînement et le peu de repos, le réveil à 5 h 30 était difficile. En plus de mon entraînement quotidien et des cours le mardi, je retournais à la capitale le week-end quand il y avait des stages.

Même si j'étais épuisé, que je n'avais plus de forces, je me disais que si je m'abandonnais à la procrastination, le ciel ne m'accorderait pas mon souhait de quitter cette vie pour aller à Shaolin !

J'ai réussi à tenir ce rythme durant un an. Côté travail, être obligé de faire tous les jours ce qui ne m'intéressait pas était infernal. Je me devais d'être patient, de bien garder en tête mes objectifs et mes rêves.

Lorsque maître Zong Hong m'a confirmé qu'en août 2005, nous retournions à Shaolin, j'étais si heureux que j'ai mis mon épuisement de côté pour redoubler d'efforts !

# 8.

En août 2005, très exactement un an après ma découverte de Shaolin, je repars trois semaines en Chine. Cette année allait être différente, nous n'allions pas loger dans l'école du temple à Dengfeng, mais dans les montagnes à côté du monastère légendaire.

Face à Shaolin, en remontant un cours d'eau, on arrive à un petit village nommé Wangzhigou. Bâtie sur le modèle traditionnel chinois, la petite bourgade est traversée par la jolie rivière. Avec pour toile de fond les monts Song, des écoles de kung-fu, des petites épiceries, des restaurants ainsi que des maisons à cour intérieure où nous allions résider l'animaient.

Maître Zong Hong avait pris contact avec l'un de ses vieux amis, le grand maître Shi Yinsong. Ce dernier était *shou zuo*, c'est-à-dire qu'il était responsable du temple Shaolin en l'absence de l'abbé Shi Yongxin. En plus d'être un grand maître du bouddhisme *chan*, Shi Yinsong était reconnu comme le plus grand médecin, depuis le défunt Shi Dechan.

Cette fois-ci, notre enseignant de kung-fu et de *qi gong* était Shi Yanxin, un moine guerrier âgé de vingt-six ans. Il était aussi sérieux dans son attitude que dans la pratique du kung-fu. Il se tenait droit, parlait avec fermeté et savait ce qu'il voulait. Son corps était si solide et en même temps si souple que, debout, il pouvait poser le talon contre un arbre à hauteur de tête et mettre son front sur la pointe de son pied. Quand il pratiquait le kung-fu, on aurait dit un véritable tigre enragé, rapide, puissant et précis. J'étais impressionné !

Shi Yanxin allait m'enseigner un *qi gong* nommé *ba duan jing*. Composées de huit mouvements synchronisés à la respiration que l'on répète huit fois, ces soixante-quatre postures exigent une profonde concentration. J'allais apprendre également une ancienne version de *tong bi quan*, une forme de combat à mains nues, ainsi que *xi mei gun*, un *taolu* au bâton dont la longueur ne dépasse pas celle des sourcils, et enfin l'utilisation du *pu dao*, un manche surmonté d'un long sabre. Son maniement est féroce et dévastateur.

Lorsqu'il enseignait, Shi Yanxin nous donnait les secrets de leur application en combat, des défenses et attaques contenues dans les enchaînements.

Le déroulement de mes journées était exaltant ! Je devais me lever à 5 heures afin d'être au monastère à 6 heures pour la leçon du matin. À cette heure, au soleil levant, l'unique compagnie était le chant des oiseaux. L'apprentissage avait lieu dans une cour du temple qui aujourd'hui n'existe plus. Ses trois murs d'enceinte étaient couverts d'appentis abritant de nombreuses statues de moines guerriers. Différentes scènes y étaient représentées, les entraînements à la souplesse, les exercices de renforcements du corps, le maniement des armes, les styles des différents animaux, les entraînements de combat à deux ou trois, sans oublier l'histoire des treize moines sauvant l'empereur. Avant chaque entraînement, j'admirais les anciens guerriers et me visualisais être un de ces moines combattants. Je prenais conscience du moment. Je respirais, contemplais et m'inscrivais dans l'instant présent.

Je vivais pleinement mon rêve, j'étais enfin là, à l'intérieur du temple Shaolin, pratiquant le kung-fu !

Après l'enseignement matinal, je retrouvais maître Zong et ses élèves qui étudiaient avec lui le *tai ji quan*. Sur la terrasse d'un petit restaurant faisant face au cours d'eau, nous prenions ensemble le petit déjeuner. Je retrouvais les œufs brouillés à la tomate, accompagnés de soupe et de pain à la vapeur, qui m'avaient tant manqué depuis l'année passée. Je reprenais des forces en admirant sur l'autre rive les demeures à l'architecture traditionnelle si caractéristique. Je me sentais heureux !

À 9 heures, je commençais une autre leçon avec Shi Yanxin. Nous allions dans des endroits cachés où les moines s'entraînaient secrètement. L'environnement était majestueux, les montagnes étaient couvertes de résineux émergeant d'un sol à la terre rouge contrastant avec le ciel bleu. Au détour de petits sentiers, nous tombions sur des places d'entraînements connues uniquement des initiés.

Shi Yanxin était rigoureux mais juste. Essoufflé et transpirant à grosses gouttes, il n'assouplissait aucunement les principes pour un stage d'été. Ça me permettait de progresser et ça me plaisait.

À 11 heures, sous un soleil ardent, et déjà bien fatigué par un entraînement exténuant, je remontais laborieusement le chemin jusqu'au village. Avec maître Zong Hong, nous passions à table, je me régalais du riz chinois, de viande et de légumes, j'avais tellement faim qu'il pouvait m'arriver de me resservir trois fois ! Je reprenais de l'énergie en me délectant des plats, du paysage et de l'instant présent. Après le déjeuner, les autres élèves se reposaient. Moi, je préférais répéter pour mémoriser et perfectionner ce que j'avais appris. Je m'entraînais comme ça, seul, jusqu'à 15 heures pour ma leçon de l'après-midi.

À cette heure, les températures avoisinaient les 40° C. Shi Yanxin se procurait les clés d'un hall du temple où, sans électricité, je m'entraînais dans la pénombre. Je m'imaginais dans l'un de mes films préférés, *La 36ᵉ Chambre de Shaolin*. Les rayons du soleil traversaient les formes sculptées des hautes portes en bois, révélant les particules de poussière soulevées par les mouvements intenses. J'avais l'impression d'être dans un autre temps, de m'entraîner secrètement quand la pratique des arts martiaux était proscrite par décret de l'empereur, j'adorais ça !

Quand je remontais dîner le soir, je pensais à ce rêve éveillé, j'étais si heureux.

Et puis, il y eut le dernier soir, quand nous avons conclu l'apprentissage du bâton. Il faisait nuit et une pluie tropicale s'était invitée. Un tigre, ça n'a pas peur d'être mouillé, alors, qu'à cela ne tienne ! Avec Shi Yanxin, dans le noir et sous la mousson, nous avons fini la forme du bâton devant l'entrée du temple Shaolin. L'eau me coulait dans les yeux, je pataugeais à chaque pas, le bâton me glissait des mains, j'étais aussi trempé que si je sortais d'une rivière habillé. Ce soir-là, c'est sûr, je ne l'oublierais jamais !

C'est pendant ce deuxième séjour à Shaolin que j'ai eu la confirmation que c'était ici que je voulais être. Tout me convenait, la nourriture, la vie dans la nature, pratiquer le kung-fu dans un temple chinois situé dans les montagnes et devenir un guerrier en même temps qu'un moine sage et raisonné. C'était ainsi que je souhaitais me réaliser !

Avant de rentrer en France, maître Zong Hong souhaita nous faire découvrir une autre facette de la culture chinoise. Nous avons donc pris le train de nuit pour nous rendre dans une province côtière au sud-ouest du pays, le Fujian. Notre destination était plus exactement Wuyishan, une célèbre chaîne montagneuse où sont cultivées de nombreuses variétés de thé dont le plus prestigieux est le *dahongpao*. Trois de ces théiers poussant sur un rocher et datant de la dynastie Song (960-1279) sont encore en vie aujourd'hui. Leur valeur est telle que le prix des précieuses feuilles a déjà dépassé le million de dollars pour un kilo.

Sur un radeau de bambou, je découvrais d'abord les méandres de la rivière aux Neuf Coudes. Sur les deux rives, de hautes falaises aux parois lisses tombaient dans les eaux profondes et limpides. Berceau du néoconfucianisme, courant de pensée chinois défendant une morale humaniste, les gorges du mont Wuyi recèlent des monolithes souvent ornés de gravures des érudits et poètes de la Chine antique.

Après ce moment inoubliable pendant lequel le temps me parut suspendu, nous nous sommes rendus dans un bourg, qui à l'exception de l'électricité, était inchangé depuis le Moyen Âge. Des blocs de pierre foulés depuis des siècles dallaient les rues étroites et les habitants venaient flâner au bord de la rivière traversant le village, où certaines maisons à cour intérieure proposaient la cérémonie du thé.

Avec maître Zong Hong, nous nous sommes aventurés dans l'une d'elles. Là, une femme vêtue de la traditionnelle *qipao*, une grande robe chinoise, se tenait devant un plateau en bois vernissé sur lequel était disposé le service à thé. En terre cuite et composé d'éléments dont je ne comprenais pas l'utilité, il était élégant et raffiné. La première étape de la cérémonie consista à verser de l'eau chaude dans tous les éléments du service afin de les faire monter en température. J'observais les vapeurs s'élever lentement, c'était apaisant. Puis, la maîtresse de cérémonie nous présenta les feuilles de thé que nous allions goûter ; en sentant leur parfum, j'avais envie de les manger. Elle les déposa dans la théière encore fumante avant de la remplir d'eau chaude, puis filtra le précieux contenu en le transférant dans un réceptacle surmonté d'une grille en soie. Ensuite, d'une gestuelle gracieuse et maîtrisée, elle remplit nos tasses parfaitement alignées.

Maître Zong Hong expliqua que le thé chinois se déguste en trois étapes : on apprécie d'abord sa couleur, ensuite son parfum, puis sa saveur. Après l'avoir goûté, les feuilles torréfiées du *dahongpao* me rappelèrent les noisettes grillées. C'était tout simplement délicieux !

Séduit, je me suis offert un plateau vernissé avec un service en terre cuite ainsi que quelques variétés de thé. À compter de ce jour, une nouvelle habitude n'allait plus jamais me quitter, celle de la cérémonie du thé.

Avant de rentrer en France, nous avons profité d'être dans la province du Fujian pour nous rendre à la préfecture de Fuzhou. Là-bas, un lieu chargé d'histoire nous attendait.

Au début du VII<sup>e</sup> siècle, des incursions de pirates dans la province du Fujian menacèrent la prospérité de la Chine du Sud. L'empereur Li Shimin a donc demandé aux treize moines qui l'avaient aidé quelques années auparavant d'intervenir. Trois d'entre eux ont envoyé cinq cents moines guerriers aider l'armée impériale. Après avoir repoussé l'envahisseur, certains survivants restèrent dans des temples du Sud en mémoire de leurs camarades et ont progressivement incité les moines locaux à se joindre à l'ordre Shaolin.

Trois temples Shaolin furent fondés dans la province du Fujian. Aux abords du détroit de Taïwan, c'était une position stratégique. Sous la dynastie des Song (960-1279), l'un d'entre eux fut bâti sur le mont Shizhu, à proximité de la ville de Fuqing. C'est là que nous nous rendions.

La location géographique des lieux offrait un panorama hors du commun ! Le feng shui, cet art ancien d'arranger les lieux de vie fondé sur les principes du taoïsme et nés de l'observation de la nature, conseillait d'être protégé du froid du nord par la montagne, et de faire face à la chaleur du soleil du sud avec une rivière pour l'accès à l'eau. J'observai les montagnes à la végétation épaisse d'où s'envolaient des chants d'oiseaux. Au pied de cette montagne, face au sud, se dressait le temple avec ses tuiles rouges vernissées, et, fidèle aux recommandations du feng shui, une large rivière coulait devant lui. Des lieux émanait une atmosphère calme et apaisante.

L'accès était atypique. Sur les deux rives, des balustrades en granit blanc magnifiquement sculpté étaient reliées par un pont flottant comme par magie au-dessus de l'eau. Devant moi se dressait un temple isolé dans la forêt tropicale et, pour y accéder, je devais franchir un long pont suspendu. Ce cadre était d'une beauté absolue !

Avec ses deux fenêtres rondes et sa haute porte centrale surmontée des trois caractères dorés, la façade d'entrée me rappelait celle au nord de Shaolin. Dans la cour centrale du monastère, un bassin d'eau, où évoluaient des tortues et des carpes, en ajoutait à l'atmosphère sereine.

À quelques mètres du temple, on pouvait encore voir les fondations du site historique, un ancien chemin pavé de pierres ainsi que les soubassements de grandes pagodes. Fouler ces ruines âgées de mille ans me donnait le vertige.

Nous sommes restés quatre jours. Ce qui m'a laissé tout juste le temps d'étudier un *taolu* dans le style du sud, qui privilégie un ancrage avec des postures solides plutôt que de hauts coups de pied mettant l'équilibre en péril.

Le retour approchant, je vivais autant que possible dans l'instant présent. Je savais que le rêve allait toucher à sa fin, alors je m'entraînais si intensément que je devais essorer mon tee-shirt trempé de sueur chaque fois que j'exécutais le *taolu*. Je donnais tout ce que j'avais !

Mon retour en France, lui, s'est passé comme l'année précédente. J'avais été tellement dépaysé et en si totale immersion que le contraste me fut invivable. J'allais au travail avec pour seules évasions les cours hebdomadaires de kung-fu à Paris.

Le week-end, j'allais parfois chez maître Zong Hong qui, me voyant motivé et déterminé, me recevait chez lui.

Il m'expliquait des secrets sur Shaolin, ainsi que l'histoire de son parcours. Il m'exposa comment il était devenu disciple de Shi Xingbei, dont les deux maîtres figurent parmi les plus grandes légendes du XX$^e$ siècle.

Le premier était le vénérable Shi Dechan, un des treize moines qui avaient fait le choix de rester vivre dans les ruines du temple après son incendie par les seigneurs de guerre en 1928. Né en 1907 et décédé en 1993, il a été maître supérieur du temple et était aussi réputé comme étant le plus grand médecin de Shaolin. Également maître du bouddhisme *chan* et pratiquant la boxe du monastère, le vénérable Shi Dechan était un des rares détenteurs des trois trésors.

Le deuxième était Hai Deng Fa Shi, connu pour sa performance unique de tenir en équilibre sur un doigt. Cette prouesse était destinée à atteindre les points vitaux d'acupuncture. Le maître Hai Deng Fa Shi était également l'un des rares détenteurs des trois trésors. En 1982, à l'âge de quatre-vingts ans, il fut invité au temple Shaolin pour former des disciples afin de faire perdurer la tradition. Né en 1902, il était proche d'un des plus grands maîtres du bouddhisme de xxe siècle, Shi Xuyun.

À vingt-deux ans, en étudiant les enseignements de maître Zong Hong, je m'inscrivais sans le savoir dans la lignée des grands maîtres.

En même temps, un nouveau stage à Shaolin se confirma pour l'été suivant. Je me fixais un objectif : me rapprocher le plus possible du niveau des moines du temple. Malgré la fatigue, les journées de travail, les entraînements le soir et le week-end, ainsi que les allers-retours à Paris, je persévérais avec cette perspective en tête ! Elle me faisait tenir, j'avais un cap précis. Motivé, je me préparais pour mon troisième périple estival et, cette fois-ci, j'allais découvrir Wudang, qui est à Shaolin ce que le *yin* est au *yang*.

# 9.

Août 2006, troisième voyage. Me voilà en quête d'un nouveau visage de la Chine nommé Wudang.

Situé dans la province du Hubei, à mille kilomètres au sud-ouest de Pékin, Wudang est avec Shaolin le centre d'apprentissage de la méditation, des arts martiaux et de la médecine traditionnelle chinoise le plus connu de ce grand empire. La différence réside dans la philosophie, celle de Shaolin est basée sur le bouddhisme originaire d'Inde tandis que celle de Wudang est basée sur le taoïsme, culture plurimillénaire de la Chine. Les arts martiaux de Shaolin sont rapides et rigides, ceux de Wudang, calmes et fluides. Ils sont complémentaires comme le *yin* et le *yang*.

En Chine, la conception du *yin* et du *yang*, d'origine taoïste, repose sur une notion de complémentarité. Le *tao* signifie « ce qui est à l'origine de tout » et suivre la voie du *tao*, le principe suprême, c'est donc vivre en harmonie avec l'environnement naturel dans lequel l'être humain est inscrit depuis des centaines de milliers d'années.

En Occident, cette notion est perçue comme étant d'opposition. Ce qui témoigne de la différence entre l'esprit asiatique, qui embrasse toute chose, et l'esprit occidental, moins ouvert, plus dans la dualité.

Wudang est plus récent que Shaolin, sa construction a été ordonnée au VIIᵉ siècle par Li Shimin. D'une superficie de deux cent cinquante kilomètres carrés, les monts Wudang sont tout simplement somptueux. Des rivières de nuages s'écoulent paisiblement des soixante-douze pics dont les forêts dissimulent des marais, des bassins et des chutes d'eau. On comprend aisément que cette région fut de première importance pour les taoïstes vivant en harmonie avec la nature. Dans cet environnement majestueux, soixante-douze temples, neuf monastères, trente-six couvents et neuf palais furent construits sur une période de mille ans.

À Shaolin, hormis les trois derniers halls d'époque, tout a été reconstruit après l'incendie. À Wudang, tout était dans son jus avec de vieilles pierres et d'anciennes pagodes d'où émanait l'aura des ancêtres. J'apercevais pour la première fois des singes vivant à l'état sauvage, et chacun montrait son caractère. Certains, peureux, n'osaient pas s'approcher tandis que d'autres, espiègles, n'hésitaient pas à chaparder.

Le palais Nan Yuan, un des plus anciens temples ayant assisté à mille trois cents floraisons, est considéré comme le plus spectaculaire de Wudang. Il est bâti à flanc de montagne, surplombe un précipice et est connu pour son encensoir suspendu au-dessus du vide. Qui voulait faire une offrande d'encens devait franchir une poutre en pierre large d'un pied et longue de trois pas. Nombreux furent les pèlerins qui perdirent la vie.

Après la découverte des lieux, je fis la surprenante expérience de la cloche. Au fond de la longue salle, le rituel proposé consiste à lancer sept pièces percées à travers le trou d'une pièce plus grosse, suspendue, derrière laquelle, à la même hauteur, une cloche en bronze retentit si impact il y a. Alors, on peut faire un vœu. J'ai voulu essayer et les sept sont passées au travers du trou avant de percuter la cloche, je n'en revenais pas. J'ai fait sept fois le même vœu : vivre à Shaolin !

Je souhaitais vivre dans un environnement paisible. On recherche la paix quand on vit dans un monde en guerre, qui nous agite intérieurement. Mon contexte familial était très conflictuel, c'est pourquoi je ressentais de la quiétude quand je baignais dans la culture bienveillante de l'Asie. Les gens sont chaleureux, les bonnes actions et la réussite sont valorisées, encourageant les individus à s'élever et à se réaliser.

J'ai visité l'ensemble des temples et palais des montagnes de Wudang, comme le Pavillon doré (qui est en bronze !) bâti au sommet du Pilier céleste, l'un des soixante-douze pics du massif. Offrant une vue spectaculaire, culminant au-dessus d'une mer de nuages et se déployant dans les quatre directions, au sommet de ce pic, j'ai senti comme quelque chose de céleste !

Après cette expérience divine, j'allais vivre une situation qui allait être, je le sus plus tard, décisive pour mon avenir. Au temple du Nuage pourpre, je vis un vieil ermite pratiquer la médecine traditionnelle chinoise. Accompagné de maître Zong Hong, je me suis approché. Uniquement avec la prise de pouls et l'observation de la langue, le vieil homme m'a décrit avec précision des signes de troubles fonctionnels qui apparaissaient de temps à autre, j'étais stupéfait ! Wudang a été l'élément déclencheur de mon intérêt pour la médecine traditionnelle chinoise. Avec cette expérience, j'ai pris conscience des possibilités de cet art dont les plus vieux textes remontent à cinq mille ans.

Puis, je me suis rendu pour la troisième fois au temple Shaolin. Tout devenait naturel pour moi et commençait à me paraître familier. À Wangzhigou, je connaissais l'épicier, au restaurant, je distinguais les odeurs typiques des plats sautés au wok et je commençais à savoir où menaient les chemins et les sentiers.

Cette année, j'allais apprendre avec Shi Yanzhou, l'un des aînés des moines guerriers, une boxe de Shaolin nommée *da hong quan*. Cette forme, qui met l'accent sur les coudes, est puissante et éprouvante. En Chine, on dit qu'un adversaire recevant un coup de pied ou un coup de poing peut revenir à l'assaut, tandis qu'un coup de coude ou un coup de genou stoppe l'ennemi.

Les leçons étaient dispensées à Gan Lou Tai, une haute plateforme proche du mur d'enceinte du temple. À cet endroit, on peut voir deux hauts cèdres figés dans le temps par l'incendie qui a brûlé la pagode se tenant jadis ici. Ses piliers de pierre avec d'anciennes gravures sont encore allongés sur le sol. Il est dit qu'il y a mille cinq cents ans, se trouvait ici la salle destinée à la traduction des *sutras* et qu'elle serait à l'origine du temple Shaolin.

À Gan Lou Tai, je me donnais à fond. Je voyais que Shi Yanzhou était fier de moi, ça me faisait tellement plaisir ! Je faisais tant mon possible pour atteindre leur niveau que d'autres moines venaient parfois m'observer. Un jour, l'un d'entre eux arriva avec une chaîne à neuf sections. Je lui ai demandé si je pouvais l'essayer et j'ai reproduit la forme que j'avais apprise seul avec mon DVD. Je fus applaudi, puis le moine commença à corriger certains de mes mouvements jusqu'à m'enseigner avec sa propre arme. C'était inattendu et, en plus de *da hong quan*, j'avais droit chaque jour à une leçon avec la chaîne. Quand j'eus fini l'apprentissage du *taolu*, il était si fier de moi qu'il m'a offert son arme, j'en étais profondément touché et ému. Aujourd'hui encore, chaque fois que je la revois, elle me ramène à cette belle histoire !

Le dernier jour d'apprentissage m'a laissé une forte impression. Shi Yanzhou avec le groupe de moines guerriers dont il était responsable, m'a offert une démonstration à la forêt des Pagodes. Ils se sont relayés, se surpassant aux *taolus* à mains nues et avec armes. Rapides, explosifs, calmes et maîtrisés à la fois, tout s'enchaînait avec un équilibre parfait. Le bruit du bâton fouettant l'air, les contorsions du *tongzi gong*, l'équilibre sur deux doigts, la tête en bas, je n'en revenais pas. Je les observais, je voulais être eux. En moi, j'en fis le serment, un jour ce sera moi, un jour je serais là !

Progressivement, j'ai commencé à parler à maître Zong Hong de mon désir de rester à Shaolin pour devenir moine. Sa réponse fut un silence. Mais cette idée ne quittait pas mon esprit !

Mon troisième voyage s'achevait, j'étais de retour dans ma ville natale et quelque chose de spécial allait se passer.

À peine arrivé à Troyes, j'apprends que mon fils allait naître le lendemain ! Depuis le lycée, je fréquentais une fille. Elle connaissait mon souhait d'aller vivre à Shaolin, aussi m'avait-elle caché cette grossesse et ne me l'a-t-elle annoncée qu'au quatrième mois, il était donc trop tard pour avorter. N'ayant jamais connu mon père biologique, je ne voulais pas reproduire ce schéma. J'ai donc mis mon rêve de côté, et renoncé à partir vivre à Shaolin.

Mathéo est né, et, dans la mesure où j'avais moi-même été fils unique, je ne voulais pas qu'il connaisse la même solitude. Puisque je croyais que mon rêve de devenir moine Shaolin était brisé et qu'à la place une vie de famille m'attendait, un an et demi après, sa petite sœur Maïlyne venait au monde.

Mais mon quotidien ne me convenait pas. Je travaillais en intérim, acceptais des missions qui ne m'intéressaient pas, et me demandais chaque jour, chaque instant, ce que je faisais là.

Notre couple se dégradait quotidiennement. Nous étions trop opposés. J'aimais me dépasser, elle préférait se laisser aller. Je favorisais une alimentation sans produits industriels, elle s'y abandonnait. Je m'entraînais, elle restait allongée devant la télé. J'avais des rêves plein la tête, elle n'avait aucun centre d'intérêt. Moi qui aspirais à vivre au calme, sereinement comme un moine dans la montagne, je me retrouvais dans un quotidien qui était celui du conflit de l'opposition et de la guerre.

Pour surmonter cette relation toxique, je me réfugiais à Shaolin. Tous les soirs, je regardais mes documentaires en boucle, je relisais mes livres, je faisais des recherches sur Internet. Je m'entraînais quotidiennement, j'allais courir pour entretenir mon cardio, je retournais dans la forêt avec mes armes pour répéter mes gammes.

Je suivais aussi les cours de maître Zong Hong. Une ou deux fois par semaine, je me rendais à Paris.

Je m'intéressais au *tai ji quan*, qui privilégie la souplesse à la dureté et utilise la force de l'adversaire pour la renverser contre lui. Maître Zong Hong m'expliqua que la forme qu'il m'enseignait lui avait été transmise par le grand maître Feng Zhiqiang lorsqu'il était à l'université bouddhiste de Pékin. Feng Zhiqiang (1928-2012) a d'abord appris le kung-fu de Shaolin avec son oncle lorsqu'il était jeune enfant avant d'étudier le *tai ji quan* de la renommée famille Chen avec son maître Chen Fake (1887-1957), considéré comme l'un de ses plus illustres représentants.

Le style Chen est le plus ancien des styles de *tai ji*. Il remonte au XVIIe siècle avec son fondateur Chen Wangting (1600-1680). Originaire du village de Chenjiagou et situé à une soixantaine de kilomètres du temple des moines combattants, le *tai ji chen* puise ses racines dans les arts martiaux traditionnels de Shaolin.

J'étudiais maintenant cet art séculaire sous l'autorité de maître Zong. Avoir accès à ces connaissances était pour moi un véritable honneur et je m'y impliquais pleinement. Au début, l'apprentissage fut difficile. J'avais l'habitude du kung-fu séquencé et rythmé, tandis qu'avec le *tai ji*, la fin d'un mouvement est le début du suivant. Lorsqu'on observe un expert pratiquer cette discipline avec calme, on peut penser qu'il ne présente pas de difficulté ; or, tenir des postures basses et amples pendant une dizaine de minutes tétanise les muscles qui tremblent alors de douleur. J'appréciais cette méthode, en plus de renforcer ma puissance musculaire, elle entretenait la souplesse de mes articulations.

L'apprentissage du *tai ji quan* calmait mon esprit et élevait mon niveau de kung-fu, j'y trouvais un grand intérêt.

Seule la pratique des arts martiaux me permettait de m'évader d'un mal-être engendré par une vie qui m'avait été imposée. Après l'exercice, je me sentais un peu mieux, l'entraînement atténuait ce sentiment de frustration et de gâchis que je contenais face à tous. J'expliquais à maître Zong Hong que je ne supportais plus de vivre dans les altercations quotidiennes, que ma vie n'avait aucun sens, et lui ai redemandé s'il était possible d'aller vivre à Shaolin.

# 10.

Lorsque j'ai réaffirmé à maître Zong Hong mon souhait de devenir moine et de vivre au temple, il m'a répondu deux choses. D'abord, il m'a rappelé que j'avais deux enfants en bas âge. Ensuite, il m'a indiqué que, même pour un Chinois, il est quasiment impossible de vivre à Shaolin.

Alors j'ai persisté, j'ai augmenté la fréquence et l'intensité de mes entraînements afin d'élever mon niveau au plus haut et de témoigner de ma détermination.

Dans la même période, un ancien frère d'armes de maître Zong Hong, que j'avais rencontré lors de mon premier voyage en Chine, s'installait en France. On l'appelait maître Hu. De son vrai nom Hu Miaofeng, il détenait ses connaissances d'une véritable figure historique ayant participé à la survie de Shaolin durant le xxᵉ siècle, Hao Shi Zhai.

Beaucoup ignorent qui était Hao Shi Zhai. Son village natal était Da Jin Dian, une petite bourgade rurale à quelques kilomètres de Dengfeng. Le village était surnommé « village des arts martiaux » car la plupart des familles y comptaient des pratiquants de kung-fu. Je m'y rendais souvent pour parfaire mes connaissances avec un de ses anciens disciples. L'endroit était si rural que beaucoup de personnes vivaient encore dans des maisons en terre.

Hao Shi Zhai était issu d'une lignée qui pratiquait le kung-fu depuis plusieurs générations afin de défendre leurs terres des intrus indésirables. Dès l'âge de six ans, il étudia avec son père avant de poursuivre avec l'abbé Shi Yandong, connu comme « maître des arts martiaux traditionnels ». Hao Shi Zhai avait également étudié la médecine bouddhiste avec le grand maître Shi Dechan, qui avait d'ailleurs trouvé refuge chez la famille Hao durant la révolution culturelle.

C'est aussi pendant cette période qu'une partie des trésors de Shaolin tels que les livres sur les arts martiaux, les traités médicaux, les statues séculaires, les instruments rythmant les offices pendant lesquels sont récités les *sutras*, les sceaux officiels, etc. furent cachés dans la ferme de la famille, ce qui permit la conservation de ces reliques historique. Après la réforme agraire, Shaolin n'avait plus assez de fonds pour subvenir à ses besoins et la famille Hao a soutenu le temple avec ses récoltes personnelles afin que les derniers moines vivant au monastère ne meurent pas de faim.

À la fin de sa vie, Hao Shi Zhai se contentait de cultiver des plantes médicinales et d'offrir des consultations d'acupuncture aux plus pauvres. Il quitta le monde terrestre à quatre-vingt-quatre ans, laissant derrière lui un héritage immatériel que je découvrais avec maître Hu Miaofeng lors de stages à Paris.

Une nouvelle fois, l'occasion d'étudier des connaissances rares se présentait à moi, cela ne pouvait plus être un hasard !

J'ai continué à me perfectionner et à insister auprès de maître Zong Hong. Encore et toujours, j'ai réitéré mon souhait de vivre à Shaolin, et cela durant plusieurs années. Je n'ai jamais baissé les bras, j'ai persisté jusqu'à ce qu'il finisse par accepter. Il m'a vu toutes ces années faire chaque semaine des allers-retours de quatre cents kilomètres en train, il a constaté mon implication, ma détermination, ma passion.

Un jour, en 2008, il a fini par me dire que si tel était mon destin, alors qu'il en soit ainsi ! Il a enfin accepté, il avait compris que c'était ma raison de vivre, plus encore, ma légende personnelle !

Ma requête ayant été acceptée, il fallait maintenant que je finance ce rêve.

Ce que j'allais faire allait tellement me déplaire que ça allait devenir une nouvelle source de motivation pour ne plus jamais me retrouver dans ce genre de situation. J'ai travaillé dans une usine de recyclage où l'on pouvait extraire un gramme d'or avec cinquante ordinateurs, mais, moi, je m'occupais des néons qui, eux, contiennent du mercure. Je devais les passer un par un dans une machine qui les brisait puis séparait le verre de la poudre blanche. C'était extrêmement bruyant, toxique et ennuyeux. Mais avec les heures supplémentaires et les primes de production, je gagnais trois mille euros par mois.

Pendant toute l'année 2009, j'ai travaillé certaines semaines du lundi au dimanche, parfois quatre-vingts heures hebdomadaires. Je m'entraînais au kung-fu à 4 heures du matin avant d'aller à l'usine. Dans les déchets, le sale et les produits toxiques, je sentais ma santé se dégrader. Je n'aimais absolument pas ce que je faisais, mais qu'importe, mon rêve me portait. Un adage bouddhiste dit : « Peu importe où tu te trouves, ton temple est dans ta tête. » Si je me forçais, le ciel me récompenserait ! J'ai donc tenu toute l'année, imaginant que chaque jour était le dernier !

Mon objectif était clair et précis : partir le 15 février 2010 pour vivre trois années à Shaolin.

C'était imminent, j'étais heureux, mais j'avais également un gros pincement au cœur pour mes enfants. Soucieux qu'ils ne manquent de rien, je comptais envoyer de l'argent pour subvenir à leurs besoins. J'ai aussi mis mon appartement, ainsi que tous mes biens, au nom de leur mère. Je me suis également engagé à revenir pour Noël et pendant les vacances d'été afin de les voir grandir. Ils savaient que même si papa avait fait le choix de devenir moine Shaolin, il ne les oubliait pas ! Et il valait mieux qu'ils aient un père moine Shaolin, plutôt que de grandir dans un foyer avec les assiettes qui volent au-dessus de leur tête. Toutefois, ce fut réellement un choix cornélien. Et si cela m'embêtait au plus haut point pour les enfants, ce fut un réel soulagement face à ma compagne.

Le 15 février 2010, je quittais mes proches. À l'aéro-port, j'ai senti l'émotion me gagner au passage de la douane, mais je n'ai rien montré. J'ai fait un simple signe de la main avec le sourire, puis je me suis retourné afin de rejoindre maître Zong Hong pour l'embarquement.

À l'atterrissage en Chine, nous nous sommes rendus à Dengfeng, où nous avons pris une chambre d'hôtel afin d'organiser les préparatifs. C'est dans cette chambre que j'ai vu pour la première fois maître Shi Yanzhuang, instructeur des moines guerriers du temple Shaolin. Quand je l'ai vu avancer, j'ai immédiatement pensé à Guan Yu, imposante divinité guerrière à la corpulence solide, dotée d'une élégante et longue barbe et tenant à la main une hallebarde. Cet instant, je m'en souviendrai éternellement !

Maître Zong Hong s'est alors adressé à moi en me rappelant la tradition : en tant que disciple, je devais m'incliner trois fois devant mon maître en posant le front au sol.

Je l'observais avec admiration en pensant à son parcours hors du commun. Shi Yanzhuang était originaire de Shang Cai, village natal de Li Si qui fut Premier ministre et contribua à l'unification de la Chine avec son premier empereur, Qin Shi Huangdi, en 221 avant notre ère.

Dès le plus jeune âge, Shi Yanzhuang étudia au sein de sa famille le *xingyi quan*, une forme de kung-fu utilisant des coups simples mais explosifs. Passionné et investi, il se rapprocha du « village des arts martiaux » Da Jin Dian, où il devint disciple de Liu Zhen Hai qui, en

1983, fut inclus dans le titre honorifique des « 10 plus grands maîtres du kung-fu de Chine ».

Liu Zhen Hai fut lui-même disciple de Shi Degen (1914-1970). Réputé et respecté par ses pairs, ce dernier fut en 1946 maître instructeur des moines guerriers du temple Shaolin. Lauréat de plusieurs médailles d'or, il rédigea en 1962, à la demande du département de la Culture et de l'Éducation, l'ouvrage *Shaolin Gongfu Gaiyao*, offrant à l'époque les informations les plus complètes sur le kung-fu Shaolin. Il maîtrisait une centaine de formes de kung-fu dont les plus importantes, le *luohan quan* ainsi que le *rou quan*, m'ont été enseignées par mon maître Shi Yanzhuang.

D'une corpulence solide, préférant le silence aux mots inutiles, lui-même détenteur de connaissances si vastes qu'il les compila en encyclopédies, c'était sous son autorité que j'allais cheminer dans le monastère historiquement renommé.

En m'inclinant trois fois, je prenais conscience que j'accédais à l'impénétrable temple Shaolin sous l'autorité de Shi Yanzhuang, maître instructeur des moines guerriers du monastère aux mille mystères.

Après ces présentations inoubliables, nous avons pris la route pour Wangzhigou, et nous nous sommes arrêtés devant une maison traditionnelle chinoise. Un homme nous attendait, qui s'inclina avec humilité devant maître Yanzhuang. Nous sommes montés à l'étage, où il a ouvert la porte d'une pièce vide et rudimentaire dans laquelle nous sommes entrés. Je ne comprenais pas ce que nous faisions là, jusqu'à ce que maître Zong Hong me demande ce que je pensais de ma nouvelle chambre. Je tombais des nues, je pensais que j'allais vivre à l'intérieur du temple ! Il me regarda et me dit avec le sourire que j'avais de la chance, qu'ici, c'était une belle chambre. Moi, j'étais très déçu, je voulais vivre comme un moine à l'intérieur du monastère.

Mon rêve commençait mal… J'allais devoir me rendre au temple à pied, matin, midi et soir pour prendre mes repas et suivre les leçons de maître Shi Yanzhuang.

Le dernier jour, maître Zong Hong et moi sommes allés à Dengfeng pour acheter tout ce dont j'allais avoir besoin pour mon hygiène. J'allais devoir, entre autres, laver mon linge à la main dans une petite bassine en plastique.

Puis, maître Zong Hong vint me dire au revoir. Il me rappela de bien écouter maître Shi Yanzhuang, de travailler dur et assidûment.

C'est alors que je me suis senti abandonné au milieu de la ville. Je ne parlais pas le chinois, j'étais livré à moi-même et personne pour m'aider !

Le soir, seul dans la chambre d'hôtel, mon sentiment était mitigé. Je me demandais comment j'allais pouvoir me rendre au temple le lendemain, et j'étais aussi très triste en voyant cette chambre dans laquelle j'allais vivre. Ce n'était vraiment pas ce que je m'étais imaginé. Puis, j'ai commencé à me dire que je ne pouvais plus faire machine arrière. J'ai alors pensé à ma rencontre avec maître Shi Yanzhuang, ça m'a redonné du courage et j'ai commencé ainsi à être impatient d'arriver au temple Shaolin !

Au réveil, sac à dos sur les épaules et valise à la main, je quittais l'hôtel. En sortant, j'entendis des explosions, je me suis demandé ce qu'il se passait. Je me suis empressé de gagner la rue où j'ai alors assisté à un défilé étonnant, celui du Nouvel An chinois avec les tenues traditionnelles aux multiples couleurs.

Des tambours, des cymbales et des chaînes de plusieurs centaines de pétards animaient le défilé. La traditionnelle danse du lion, où deux artistes manipulent un costume et un masque imitant les mouvements de l'animal, était de la partie. Les chorégraphies, qui racontent différentes histoires, sont basées sur la pratique et les performances du kung-fu.

Je n'avais jamais rien vu de tel et j'ai naturellement suivi le défilé jusqu'à la grande place de la ville. On y avait dressé une plateforme à dix mètres du sol et maintenue aux quatre coins par deux cordes parallèles.

Les artistes grimpèrent dans les cordages, animant le fauve de danses acrobatiques et dangereuses. Sans aucune protection, ils escaladèrent la structure au sommet de laquelle des bancs étaient empilés avec, au centre et encore plus haut, un « trône ». Ce qui s'apparentait à une danse tourna vite au combat, les performeurs émérites devaient d'abord impressionner le plus possible avec leurs prises de risque pendant leur ascension spectaculaire. Arrivés à la plateforme, ils commencèrent à combattre pour la première place au sommet, sur le trône instable. Perdre est un déshonneur pour les écoles, c'est pourquoi les face-à-face à l'équilibre précaire se faisaient de plus en plus intenses ! Une chute aurait provoqué une mort assurée !

Attentif et inquiet, j'ai suivi avec intérêt les échanges rigoureux jusqu'à la dernière minute. Bluffé, je suis resté planté là quand tout le monde se dispersait. Hormis dans les films, je n'avais jamais vu une telle performance, et même sur un écran, jamais elle n'avait été présentée à une telle hauteur et avec une telle dangerosité !

Je quittais la grande place où avait eu lieu cette fête inattendue. C'était incroyable, ma nouvelle vie commençait le jour de célébration du traditionnel Nouvel An !

Muni d'un papier sur lequel maître Zong Hong avait noté l'adresse en chinois, je partis à la recherche d'un taxi. Comme je portais une valise, j'ai été interpellé et j'ai cru comprendre que l'on me demandait où je voulais aller. C'était un conducteur de *mantou chi*, qui signifie littéralement « voiture en forme de petit pain à la vapeur ». En Asie, ce sont des minivans à la forme arrondie dans lesquels peuvent monter huit personnes.

C'est ainsi que je me suis rendu où j'allais loger, à Wangzhigou, village situé dans les montagnes à trois cents mètres au-dessus du temple.

# 11.

Les premiers jours, dans cette chambre glaciale et rudimentaire, sans repères, je vivais mal la solitude. Puis, progressivement, je me suis acclimaté, je me souvenais pourquoi j'étais là, ce que j'avais dû sacrifier pour vivre ce moment tant fantasmé, désiré, oui, c'était une chance !

Je logeais à l'étage de la maison et, pour y accéder, je devais prendre un escalier extérieur longeant la cour intérieure. Le jour comme la nuit, qu'il pleuve ou qu'il vente, c'est par là que je devais passer.

Ma chambre était munie d'une petite armoire à la porte tombante, d'une vieille table faisant office de bureau et d'un lit avec une planche en guise de sommier. Une fenêtre simple vitrage laissait passer le souffle glacial de la montagne.

En février 2010, les températures descendirent jusqu'à -20°C et je n'avais pas de chauffage. Le soir, j'allumais deux bougies et passais mes mains au-dessus de la flamme dans l'espoir de les réchauffer. Chacune de mes expirations entraînait une condensation sur la vitre que je retrouvais transformée en glace le matin.

Entrer dans mon lit était une véritable épreuve. Pour réussir à dormir, je devais porter un jogging, par-dessus lequel je passais un pantalon. J'enfilais deux tee-shirts et un pull avant de m'enfermer dans mon blouson sans oublier, bien sûr, d'enfoncer un bonnet sans lequel mon cuir chevelu était lui aussi rapidement glacé. Je me blottissais ensuite entièrement sous la couette afin que l'air chaud de mon expiration rende le moment un peu plus supportable. J'ai compris la chance qui était mienne lorsqu'en France, j'avais un radiateur pour me tenir chaud !

Je me lavais dans une salle de bains située face à ma chambre, où des champignons poussaient sur les murs. Les robinets ne débitaient pas une goutte d'eau. Pour faire ma toilette, je remplissais un seau de dix litres, et la faisais chauffer pendant plus d'une heure, bouilloire après bouilloire. Quand je me déshabillais, la différence de température entre mon corps et la pièce était telle qu'il en émanait de la vapeur. Dans cette enceinte glacée, je prenais l'eau tiède du seau avec un bol à riz pour la verser sur mon corps grelottant. À chaque bolée, je me rendais compte du luxe d'avoir un robinet avec de l'eau qui coule, et que ce luxe est encore plus grand quand on a l'eau chaude !

La porte en métal de ma chambre donnant sur la terrasse extérieure laissait elle aussi passer le froid hivernal. À côté des poules et sur le béton brut, je lavais le linge à la main dans une bassine d'eau que je chauffais également grâce à ma bouilloire. Avec - 20° C, l'eau devenait rapidement glacée, mes mains s'engourdissaient, viraient au rouge et je perdais toute sensation jusqu'à ne plus les sentir. Le froid intense me brûlait les doigts. Pendant que je pétrissais les tissus avec l'inquiétude d'une grave engelure qui entraînerait une amputation, je me remémorais la facilité de mettre mon linge dans un tambour en métal avant d'appuyer sur un bouton pour qu'il se lave tout seul. Dans mon esprit remontait le doux souvenir du mot « machine à laver » !

Mes conditions de vie étaient très difficiles, mais je commençais à comprendre qu'elles me forgeaient mentalement et physiquement. C'est uniquement en sortant de sa zone de confort qu'on peut évoluer, seules les contraintes imposent le changement. C'est pourquoi je ne voyais pas cela comme une punition, mais comme la formation du valeureux légionnaire se préparant au combat. Une vie rude construit un corps robuste et l'inconfort bâtit un mental indestructible préparé à affronter les pires épreuves. Sans le savoir, mon apprentissage à Shaolin avait commencé !

Mon réveil sonnait à 4 h 30. Je me rinçais le visage à l'eau glacée et préparais mon sac, avec notamment mon livre de *sutras* qui délivrait les enseignements du bouddhisme, mes deux bols et ma paire de baguettes pour les repas.

Je traversais le village dans une pénombre profonde, il n'y avait pas le moindre éclairage, un mode de vie à mi-chemin entre notre époque et le Moyen Âge. Pour voir où je mettais les pieds, j'éclairais mon chemin à l'aide d'un téléphone rudimentaire qui avait l'option torche.

Les jours où j'avais de la chance, la haute lune était la compagne bienfaitrice qui éclairait mes pas. Je levais la tête et admirais ces milliards de points étincelants illuminant la voûte céleste avec en arrière-plan les nuances extraordinaires de la Voie lactée. Je m'émerveillais et restais chaque fois bouche bée devant tant de beauté !

Sorti de Wangzhigou, je poursuivais mon trajet avec l'épaisse végétation de la montagne sur ma gauche et le haut fossé de la rivière à ma droite. Éclairé par la lune, baigné dans cette brume flottant avec légèreté au-dessus du chemin, entendant l'eau ruisselante de la rivière, j'avançais avec, au loin, la résonance de l'énorme cloche du temple annonçant l'imminence de l'office. Porté par cette atmosphère mystique, je me rapprochais de Shaolin.

# 12.

Arrivé au monastère, je franchissais la porte à droite de l'entrée principale qui nous était réservée. Sur la gauche se trouvait la chambre du gardien, Biao Ge. Il était grand et souriant, je l'appréciais beaucoup et me demande ce qu'il est devenu…

Après avoir longé le mur rouge d'enceinte à ma droite, je suis arrivé à l'arrière-cuisine où j'ai fait un voyage dans le temps. D'énormes woks d'un mètre de diamètre y étaient encore chauffés au feu de bois. Les foyers qu'il fallait alimenter le jour et la nuit se situaient à l'extérieur. Les flammes dansaient dans la pénombre tandis que j'entendais le charbon crépiter. Hypnotisé, j'observais la scène en me réchauffant les mains et le visage avant de poursuivre mon chemin.

Chaque matin, je me rendais à Da Xiong Bao Dian. Les cérémonies millénaires durant lesquelles étaient menés des rites ancestraux et où nous récitions les *sutras* en cœur avaient lieu dans ce haut temple.

Lorsqu'on entre dans ce grand hall à l'architecture traditionnelle, on peut admirer trois hautes statues symboliques dans une posture méditative et dorées à l'or fin. Au centre trône le Bouddha originel, nommé Shakyamuni. Né au IVᵉ siècle avant notre ère, il est à l'origine non pas de l'aspect rituel du bouddhisme, mais du fondement de méthodes permettant de comprendre le fonctionnement de notre psyché. Pour comprendre le monde dans lequel nous vivons, il est nécessaire de commencer par se comprendre soi-même. À sa gauche siège le bouddha de la médecine. Dans ses mains, il tient un bol avec des plantes thérapeutiques pour symboliser la guérison du corps et de l'esprit. Nous sommes l'unification d'une enveloppe charnelle et d'une âme qui l'anime. Un dysfonctionnement entre les deux engendre la maladie, et leur dissociation, la mort. C'est quand les deux sont en synergie et alignés que l'on peut connaître la béatitude et une bonne santé. À droite du Bouddha central siège Amitabha, souvent appelé « Bouddha des Bouddhas ». On le distingue grâce à ses *mudras* qui sont de gracieuses gestuelles de la main. Ses *mudras* peuvent symboliser soit la méditation apportant la quiétude intérieure, soit la transmission du *dharma* contenant les enseignements du bouddhisme.

Debout, à droite et à gauche du Bouddha central, son plus jeune et son plus vieux disciple. Ils symbolisent notre aptitude à se réaliser que l'on soit jeune ou âgé. Cela signifie qu'il n'est jamais ni trop tôt ni trop tard pour être qui nous avons le potentiel de devenir.

Deux hauts personnages, faisant particulièrement référence à la culture de Shaolin, se tiennent aux extrémités de l'estrade, le regard dirigé vers l'axe central. Il s'agit d'abord de Jinnaluo. Cuisinier, il mélangeait avec un long bâton coiffé d'une minipelle les lourdes quantités de nourriture destinées aux centaines de moines vivant au monastère. Au fil des ans, il développa une puissance et une dextérité hors du commun dans la pratique du bâton. Le bâton qui était d'ailleurs l'arme de prédilection des moines, puisque moins dangereux pour leurs adversaires que le sabre. L'histoire raconte qu'un jour, le temple fut attaqué par une horde de bandits désireux de le piller et que Jinnaluo repoussa les envahisseurs dans la montagne avec son seul bâton. Jinnaluo représente la puissance des arts martiaux de Shaolin.

Enfin, Bodhidharma, fondateur du bouddhisme *mahayana*. D'origine indienne, Bodhidharma représente le bouddhisme de Shaolin, qui a depuis traversé les frontières et est aujourd'hui mondialement connu sous l'appellation japonaise *zen*.

Cette atmosphère particulière nous invitait à ressentir au plus profond de notre âme la spiritualité qui mène à une paix intérieure, qui est celle à laquelle nous aspirons tous !

Au bout de l'allée centrale du temple était déposé un imposant encensoir en bronze grâce auquel les moines offraient les trois encens symbolisant les trois trésors du bouddhisme. Le premier trésor est le maître détenant le savoir, ici le Bouddha qui signifie « l'Éclairé ». Le deuxième, le *dharma*, est le savoir qui permet d'être éclairé. Et le troisième, la *sangha*, est la communauté étudiant ce savoir et le perpétuant de génération en génération depuis plus de deux mille cinq cents ans afin qu'il perdure éternellement.

Différentes plantes médicinales participant à la composition des encens étaient utilisées pour purifier les pensées et apaiser les émotions. L'encens se propageait parmi nous, l'atmosphère que je ressentais était mystique.

À Da Xiong Bao Dian, nous étions là aussi éclairés par les flammes dansantes des bougies. Nous devinions tout juste le visage de nos condisciples, c'était parfois l'allure, la démarche qui permettait de nous reconnaître. Elles étaient disposées en face de nous, aux pieds des grands bouddhas dorés, ainsi qu'aux murs latéraux d'où nous observaient les dix-huit *arhats* représentant le dernier échelon de la sagesse. Les flammes qui vacillaient au gré de la combustion donnaient une impression de mouvement à ces divinités expressives qui paraissaient prendre vie dans la pénombre de la nuit.

Je me rapprochais des bougies, livre des *sutras* à la main pour tenter de distinguer ce qui y était écrit. Pendant longtemps, j'ai fait de mon mieux pour suivre le déroulement de l'office et le défi était de taille. Je devais fonctionner à l'inverse de ce qui m'avait toujours été inculqué. Cette fois, il fallait lire de droite à gauche et de haut en bas, sans oublier que sous mes yeux, je n'avais pas d'alphabet mais des caractères chinois. Heureusement, chaque idéogramme était sous-titré du pinyin qui est la transcription phonétique.

Chaque matin, la tâche était ardue, longtemps j'ai été perdu. L'office du matin représentait une cinquantaine de pages qu'il fallait connaître par cœur. Au début, c'était la découverte, et au fil des jours, des semaines, j'assimilais le rythme de l'élocution, je savais à quel moment commençait et finissait un *sutra*, je les chantais dans ma chambre, je les répétais en marchant quotidiennement jusqu'à connaître les cinquante pages.

Le maître de cérémonie se positionnait au fond, sous les grands bouddhas, et démarrait les différents *sutras a cappella*. Silencieux, nous le laissions commencer seul, puis au signal, quand les instruments rythmant la cérémonie se faisaient entendre, nous l'accompagnions tous en chœur en les récitant. Nous devions nous tenir debout, droits et immobiles pendant plus d'une heure.

L'hiver, il faisait aussi froid dedans que dehors, je ne sentais plus mes pieds, et rester parfaitement immobile devenait un défi de plus à relever. Pour y parvenir, je m'étais procuré des chaussures dont l'intérieur était tapissé d'une épaisse fourrure de mouton. Grâce à elles, j'arrivais à mieux suivre la cérémonie.

L'ensemble des *sutras* était très riche et harmonieux, y prendre part me donnait la chair de poule. La cérémonie commençait calmement, dans un état de concentration méditative, puis le rythme s'accélérait progressivement jusqu'à atteindre une cadence extrêmement soutenue. Le poisson en bois résonnait si fort que je pouvais le sentir jusque dans mon être. Avec tous les instruments, le moment était harmonieux et mélodieux. Du début à la fin, les offices étaient des voyages intérieurs rythmés par des étapes différentes qui pouvaient évoluer suivant le calendrier lunaire bouddhiste, les premier et quinzième jours de chaque mois.

La structure des cérémonies telles que nous les connaissons aujourd'hui nous vient du moine Xuanzhang, un des plus grands traducteurs de *sutras* bouddhiques de l'histoire de la Chine. Au VII⁰ siècle, de simples sandales tressées aux pieds, il franchit de gigantesques contrées. Il entama un périple de dix-neuf années pendant lesquelles il traversa cent dix pays et parcourut vingt-cinq mille kilomètres afin d'aller étudier en Inde les textes originaux. À son retour, il supervisa la traduction de soixante-seize *sutras* et commentaires représentant au total mille trois cent quarante-sept rouleaux, soit une compilation tous les cinq jours durant dix-huit années.

La légende du Roi singe nous vient de cette histoire romancée sous le titre *La Pérégrination vers l'Ouest*. Écrit au XVI⁰ siècle, l'ouvrage raconte que celui qui s'emparera du saint Xuanzhang bénéficiera de dix mille années de vie. Quatre protecteurs l'accompagnent donc sur le pèlerinage. Parmi eux, il y a Sun Wukong, le Roi singe. Fougueux, il est le premier disciple de Xuanzhang, il a pour mission de le protéger et de s'assagir en accomplissant sa tâche. Wu Neng et Longwang Sanjun font eux aussi partie du voyage. Ils ont été transformés en démons à cause de leurs péchés, et cette mission leur permettra de racheter leurs fautes en devenant des saints. Sha Wujing ou Moine des Sables, qui ne pense qu'à être le meilleur, les accompagne également. Ce roman inspiré de la vie réelle du maître Xuanzhang est connu comme l'un des plus grands classiques de la Chine.

Akira Toriyama s'en est inspiré dans son animation japonaise mondialement connue, *Dragon Ball*. Dans ce manga, Sun Wukong prend le nom de Son Goku, le Moine des Sables devient Krilin, le sanglier prend le nom d'Oolong et la monture devient Puerh. Ces deux derniers sont d'ailleurs des noms de thé chinois. Les textes originaux qui sont la quête du pèlerinage de Xuanzhang sont remplacés dans cette aventure par sept boules de cristal que recherchent les quatre amis.

Lors de ces cérémonies dans le grand temple du Trésor puissant, je faisais un voyage dans le temps. Plongé dans la pénombre, éclairé à la lueur des bougies, vêtu de la toge aux longues manches, je m'imaginais vivant il y a mille trois cents ans, à l'époque de la prospère dynastie Tang.

Lorsque j'entrais dans Da Xiong Bao Dian, je rendais visite aux ancêtres, quand je portais la toge, je me fondais dans leur être, au moment où je récitais les *sutras*, j'honorais Xuanzhang en assimilant et en appliquant les enseignements je m'accomplissais.

À l'issue d'un tel cérémonial, je me sentais physiquement calme avec un esprit clairvoyant, c'était ce que l'on appelle un « état de vacuité ».

Nous commencions chaque journée en nous empreignant des enseignements moraux. En les appliquant quotidiennement, nous évoluons sur le chemin de la vertu.

Tous ensemble, nous nous dirigions ensuite au réfectoire où, là aussi, les repas étaient ritualisés.

Un jeune moine muni d'un court bâton en bois frappait une pierre avec un rythme similaire à celui d'une balle qu'on aurait laissée tomber rebondissant. L'opération est répétée trois fois pour avertir tout le temple que le repas va commencer.

Le maître de cérémonie faisait ensuite retentir *yi qing*, une cloche dont le fond est fixé à un manche auquel est attaché un contrepoids métallique permettant de la faire résonner à chaque impact. Au premier tintement, nous nous levions pour nous incliner, puis le maître de cérémonie démarrait un *sutra*.

Pendant que nous le récitions en chœur, les jeunes novices longeaient les allées de tables en nous présentant des pains à la vapeur, une soupe de riz blanc, noir ou rouge ainsi que des légumes que nous acceptions ou refusions suivant une gestuelle codifiée. Le premier et le quinzième jour lunaire du mois, la soupe de riz est remplacée par du lait de soja et les pains à la vapeur par de longs pains frits.

Quand nous étions servis, nous ramenions devant nous les bols qui étaient alignés au bord de la table. La manière dont ils sont disposés a aussi un sens, leur présentation signifiant de nous resservir ou qu'on a fini. Parmi les différentes codifications du repas, une veut qu'on ne plante pas ses baguettes dans un bol de riz, car c'est signe d'une offrande destinée aux défunts qui les invite à se restaurer.

On ne parle pas pendant les repas afin de s'inscrire dans l'instant présent. Lorsque nous nous restaurons en pleine conscience, que nous mâchons correctement et mettons notre attention sur le fait que nous mangeons, la capacité du système digestif à réceptionner, transformer et extraire la quintessence vitale des aliments que nous consommons est optimale. D'ailleurs, cela est aujourd'hui scientifiquement prouvé.

Le petit déjeuner était à 7 heures et le déjeuner à 11 h 30, le midi nous avions en plus du riz et des nouilles. Le dîner était différent, nous devions nous servir directement aux cuisines. L'hiver, nous allions chercher notre repas à 17 h 30 et l'été à 18 heures. Nous avions souvent des *baozi*, brioches à la vapeur fourrées aux légumes, et notre dessert était une simple patate douce que nous saisissions encore fumantes à mains nues. Enlever la peau brûlante était délicat mais tellement agréable l'hiver quand nous ne sentions plus nos doigts avec le froid. Nous n'avions pas grand-chose, mais nous étions heureux !

# 13.

Mon maître Shi Yanzhuang était l'instructeur des moines guerriers du temple et puisqu'il était occupé à cette responsabilité le matin, j'allais prendre mes leçons le midi, après le déjeuner. Le temps de digérer et de partager une tasse de thé, il m'enseignait les rudiments. Je craignais d'avoir omis tel ou tel élément des fondations du kung-fu, alors je lui avais demandé de tout reprendre de zéro. Ainsi, avec humilité, je repartais des bases. C'était important, car la qualité de ce que l'on bâtit dépend toujours des fondations sur lesquelles on construit.

Maître Shi Yanzhuang m'expliqua que la première étape était de renforcer son corps. Il fallait que je développe mes muscles afin de pouvoir porter des coups puissants et de me protéger de ceux de l'adversaire. Il me faisait faire des pompes sautées sur les doigts, les paumes et les poings. En synchronisant ma respiration avec la contraction spontanée, je devais me porter des coups aux côtes, aux flancs et à l'abdomen. Je devais aussi frapper fort contre un arbre avec mon dos, mes épaules et mon thorax car, à Shaolin, on considère que lors d'un combat, toutes les parties du corps peuvent être utilisées.

Je devais aussi renforcer mes mains, mes doigts et mes poignets. Pour ça, mon maître me faisait frapper un épais sac de toile rempli de billes de fer. En inspirant, je levais la main vers le ciel et en expirant, l'abattais à pleine puissance contre le sac. Je recommençais avec le dos de la main, puis la paume, du côté droit et du côté gauche. Chaque jour, il fallait répéter l'opération des centaines de fois jusqu'à ce qu'elles s'endurcissent. Mes mains s'engourdissaient et devenaient douloureuses. Au début, ça pouvait paraître amusant, mais les mains sont parcourues de nombreuses terminaisons nerveuses, et le faire pendant des heures finit par devenir atrocement douloureux.

Dans les montagnes derrière le temple, je m'entraînais trois heures le matin, trois heures l'après-midi et parfois encore deux heures le soir, du lundi au samedi. D'abord, le maître nous montre, puis nous travaillons par nous-mêmes. Ce n'est qu'en s'exerçant qu'on peut progresser, c'est le fonctionnement de base des arts martiaux chinois. Quand j'avais un doute, je sollicitais mon maître qui me corrigeait au besoin. Nous faisions le point chaque semaine, et si j'avais assez progressé, je pouvais passer à l'étape suivante. Comme je voulais apprendre vite, ça me motivait à chercher la perfection pour découvrir la suite.

Ainsi, rapidement, j'ai pu passer à la deuxième étape, celle des postures de base et des coups explosifs.

Dans un premier temps, maître Shi Yanzhuang me faisait synchroniser la posture du cavalier avec coup de poing frontal. Le dos parfaitement droit, les cuisses parallèles au sol, les pieds distancés d'un pas, je devais inspirer lentement de manière relâchée pour ensuite expirer de manière spontanée et explosive en projetant devant moi le poing droit. Je répétais l'opération avec le gauche, cinq séries de vingt répétitions pour un total de cent coups.

Ensuite, j'ai appris la posture de l'archer. Dans la position de départ du cavalier, en synchronisant ma respiration, je projetais le poing droit sur mon côté gauche, jambe droite tendue et genou gauche fléchi. Je revenais à la position de départ et répétais l'opération de l'autre côté. Là aussi, cinq séries de vingt répétitions pour un total de cent coups. L'objectif était de travailler la rotation de la hanche, car c'est de la taille que vient la puissance du coup, les boxeurs connaissent bien ce principe.

Enfin, le dernier stade de la première étape était de travailler les mêmes postures avec le double, puis le triple coup de poing. Je devais projeter la rafale de manière spontanée avec puissance et explosivité. Enchaîner des séries de vingt jusqu'à atteindre les cent assauts était vraiment éprouvant !

Un jour, mon maître m'a montré l'application du coup frontal, une leçon que je n'oublierais jamais. Nous nous tenions face à face dans sa chambre, immobiles. Il m'observait et sans que je ne voie rien arriver, m'a projeté son poing tel un éclair en plein cœur. L'estocade a été si puissante que j'ai été propulsé à plus d'un mètre sans toucher le sol, avant de m'effondrer sur son lit. Hébété, je n'ai pas compris ce qu'il venait de se passer ! Je repris mes esprits et observais mon maître qui me regardait, amusé, avec un sourire en coin de bouche. Après quelques instants, je compris la leçon : il fallait que je le ressente pour être capable de le reproduire. Cet enseignement est resté gravé dans ma tête !

Après cette expérience, chaque fois que je m'entraînais, j'essayais de reproduire cette lourde et puissante estocade qui m'avait tant impressionné. Je visualisais mon maître et tentais de l'imiter.

Maintenant, maître Shi Yanzhuang allait pouvoir m'enseigner l'aspect du kung-fu Shaolin qui m'attirait le plus, l'exécution en situation réelle.

J'allais donc étudier *damo shibashou*, ou les dix-huit mains de Bodhidharma. C'est une forme qui n'est pas esthétique, car elle n'est pas faite pour les démonstrations. Elle est pratique, conçue pour le combat réel. L'accent est mis sur des coups explosifs et puissants des paumes, des poings et des pieds ainsi que sur la robustesse du corps pour encaisser les coups sans vaciller, une technique nommée « vêtement de fer ». *Damo shibashou* était une forme dont j'ignorais l'existence et jusqu'à présent, je n'ai encore jamais vu personne la pratiquer. L'art du combat réel est l'essence des arts martiaux, ceux-là mêmes que nos ancêtres utilisaient pour leur survie. J'avais la chance et l'honneur d'avoir accès au kung-fu authentique !

Quand je pratique *damo shibashou*, je pense à mon maître qui aujourd'hui n'est plus là. Je m'exerce comme s'il était présent, à m'observer, et je donne le meilleur afin que s'il me voit, il soit fier de moi !

En Chine, lorsqu'on choisit un maître, on lui demande s'il veut bien de nous comme disciple. Si l'on a la chance d'être accepté, la tradition veut qu'on prenne soin de lui. Me concernant, je faisais le ménage dans la chambre de mon maître, je passais la serpillière, je m'occupais de son linge et nettoyais le service à thé chaque semaine.

Apprêtant régulièrement ses appartements, j'en connaissais les moindres recoins. Je savais par exemple que derrière la porte d'entrée, il y avait un renfoncement où étaient cachées des armes. Parmi elles, une m'a surpris, c'était l'ancienne version de la chaîne à neuf sections. Celle que j'avais apprise quelques années auparavant était fine et légère, celle qui était derrière la porte de mon maître était énorme, lourde et rouillée.

Un jour que je faisais le ménage et qu'il était présent, je la pris et allai le voir. Quand il a vu ce que j'avais dans la main, il a souri. Je lui ai dit que je n'avais jamais vu une chaîne pareille et que j'aimerai bien savoir comment l'utiliser, il m'a alors proposé de le suivre et nous sommes allés à Lian Gong Fang, la grande salle d'entraînement du temple.

La chaîne pesait près d'un kilo. De la main droite, je tenais la poignée à laquelle étaient rattachés neuf bâtonnets en métal mesurant chacun cinq centimètres pour un centimètre de diamètre, tous reliés par trois anneaux. L'extrémité de la neuvième section était surmontée d'une pointe, qui m'a d'ailleurs ouvert l'arcade sourcilière lors d'une démonstration l'année suivante. J'ai failli perdre l'œil droit et la cicatrice est encore bien visible !

Maître Shi Yanzhuang m'expliqua qu'à l'époque des champs de bataille, les armures protégeaient si bien les guerriers qu'il était devenu difficile de blesser son adversaire avec les armes tranchantes telles que le sabre et l'épée. C'est ainsi que nos ancêtres ont inventé les armes lourdes, afin que la puissance de l'estocade pulvérise le squelette sous les lourdes cottes de mailles.

La chaîne à neuf sections avait été conçue pour différentes situations. Son utilisation comportait des mouvements destinés à un seul adversaire, à plusieurs opposants ou lorsqu'on est cerné de toute part comme dans un champ de bataille. Il y a les mouvements de rotations, autour du corps et du coup ainsi que des mouvements destinés à projeter la pointe comme le serpent bondit sur sa proie.

L'inertie de la rotation rendait la chaîne si lourde qu'il m'était difficile de la maintenir pour ne pas qu'elle s'échappe. Quand je m'entraînais à son maniement, mon poignet devenait si douloureux que j'avais du mal à tenir les baguettes pour manger.

Son apprentissage était différent de ce dont j'avais l'habitude. Je n'apprenais pas un *taolu*, je répétais les assauts qui le composaient du côté droit et gauche en traversant la salle d'entraînement. L'objectif était de devenir ambidextre et d'assimiler chaque mouvement afin de les utiliser instinctivement.

Je pouvais enchaîner les attaques dans n'importe quel ordre, je m'amusais à créer mes propres compositions. Ainsi, je n'étais plus prisonnier de la chorégraphie d'un *taolu*, je pouvais utiliser séparément chaque action de l'enchaînement comme je le souhaitais, je m'affranchissais des règles qui structurent l'apprentissage.

Les *taolus* sont en réalité un aide-mémoire des différentes possibilités de défense et d'attaque d'un style. Pour être capable de les utiliser en situation réelle, il faut extraire chaque mouvement et tous les pratiquer séparément, encore et encore, car la perfection n'est abordable que par la répétition !

Mon maître s'est amusé à le faire en démonstrations jusqu'à la fin de sa vie. Lors de ces événements destinés à présenter la culture Shaolin devant des rois, des ministres, des présidents, pendant sa performance et sans aucune préparation, il s'amusait à modifier l'ordre de l'enchaînement tel qu'il le désirait. La réputation de Shaolin est prestigieuse et, dans ce contexte, aucune erreur n'était permise. Hormis quelques rares experts, personne ne remarquait quoi que ce soit. Il s'imposait un défi où l'excellence était la seule issue, maître Shi Yanzhuang faisait vraiment preuve d'une maîtrise admirable !

Comme l'ancienne grosse chaîne à neuf sections était peu courante, nous n'en avions qu'une. Quand mon maître me l'enseignait, il me montrait les mouvements avec un fouet en cuir de bœuf tressé, puis je les reproduisais avec la lourde chaîne de métal rouillé. Il la tenait par l'extrémité et le poids du manche donnait l'inertie au mouvement.

Le fouet était utilisé depuis des siècles par les bergers pour rassembler les troupeaux et par les paysans pour guider les buffles. Une arme en métal impliquait l'extraction du minerai ainsi que le savoir-faire de la manufacture pour sa transformation. L'objet était donc accessible uniquement à une certaine élite. Le fouet, lui, était l'arme du pauvre par excellence : pour le concevoir, il suffisait de tresser le cuir.

Un fouet se fait claquer et, au moment de l'implosion, il atteint la vitesse du son, soit mille deux cents kilomètres à l'heure. Sachant cela, on comprend aisément qu'à la moindre erreur, on pourrait passer la langue à travers une joue déchirée si le fouet nous claquait au visage !

Dans certains enchaînements, la chaîne tourne autour du cou et sa pointe passe près du visage. Ainsi, lors de mes premières tentatives, il arrivait que la peur m'empêche de reproduire le mouvement et pour ne pas me blesser, j'essayais en premier avec le fouet. Comme mon maître, je le tenais par son extrémité, et naturellement, au bout d'un moment, j'ai voulu le tenir par la poignée pour le faire claquer.

Mes premiers essais furent maladroits, mon maître m'observait, amusé, puis décida de me montrer deux mouvements avec leur application, j'allais halluciner !

Le premier consistait à faire claquer le fouet à l'horizontale. Maître Shi Yanzhuang envoya d'abord le fouet au-dessus de sa tête vers l'arrière puis, d'un geste rapide, le propulsa vers l'avant. La puissante déflagration qui se produisit fut assourdissante !

Pour le deuxième mouvement, il le fit claquer à la verticale. Il leva le bras, le fouet parti vers l'arrière, puis il le renvoya brutalement vers l'avant et vers le bas. La déflagration fut si forte que mes oreilles en sifflèrent !

Maître Shi Yanzhuang me tendit ensuite le fouet pour que je reproduise ce qu'il venait de me montrer.

J'ai d'abord tenté le premier mouvement horizontal. J'ai envoyé le fouet au-dessus de ma tête vers l'arrière, puis en le propulsant vers l'avant, je l'ai vu me frôler le visage. Peu rassuré, je me suis recroquevillé tandis que mon maître souriait. J'ai réessayé jusqu'à ressentir la direction que prenait l'extrémité. À force de persister, le fouet finit par claquer, et naturellement, j'étais heureux comme un enfant !

Mais mon maître voulut aller plus loin. Il observa une bouteille au sol et, d'un coup, avec le geste horizontal, il fit voler la bouteille qui retomba éventrée ! Ahuri, je regardais bouche bée. Il me tendit alors l'arme. Je devais viser correctement, évaluer la distance, faire claquer le fouet et combiner tout ça dans un enchaînement parfait. J'y suis parvenu après de nombreuses tentatives, la bouteille ne s'envola pas avant de retomber éventrée, mais j'avais réussi à la toucher !

Mon maître utilisa alors la seconde méthode. Il me dit de tenir la bouteille à bout de bras. Peu rassuré, je croisais les doigts en espérant que tout se passe bien. Il leva le bras vers le haut, le fouet parti vers l'arrière puis, férocement, il le propulsa vers l'avant. C'est avec une déflagration bestiale que l'arme atteignit la bouteille qui implosa instantanément. La puissance du choc fut telle que je ne sentais plus mes doigts !

Ce fut mon tour, mais mon maître n'était pas prêt à tenir la bouteille. J'ai donc posé la cible sur un muret et me suis concentré. Après quelques tentatives, j'atteignis ma cible qui, en revanche, explosa. J'étais si heureux ! J'ai répété sans fin la première puis la deuxième méthode. Captivé, je ne pouvais plus m'arrêter !

Me voyant sous addiction de la performance, maître Shi Yanzhuang, les mains dans le dos et d'un pas lent, s'en alla. Je continuais seul à répéter, encore et encore, je ne voulais pas que ma prouesse soit hasardeuse, je voulais la maîtriser !

Maître Shi Yanzhuang m'enseigna comment appliquer un mouvement afin de l'utiliser en situation réelle. Lorsque j'appris le *taolu* du fouet, mentalement, je ne répétais pas simplement les mouvements de l'enchaînement, je me voyais combattre des adversaires et, comme avec la bouteille, je visais leur main pour les désarmer, leur visage pour les hébéter et leurs jambes pour les déstabiliser.

Bruce Lee disait que nous devons vider notre esprit pour être sans forme, à l'image de l'eau. L'eau qu'on verse dans une tasse prend la forme de la tasse, l'eau que l'on verse dans une théière prend la forme de la théière. L'eau peut s'écouler calmement dans un ruisseau, ou gagner en puissance dans un torrent. Plutôt que de s'enfermer, comme l'eau, dans des schémas pas toujours adaptés, il est conseillé d'embrasser les situations telles qu'elles se présentent. Ce fut l'enseignement de maître Shi Yanzhuang, ne pas s'enfermer dans une structure et appliquer les possibilités les plus adaptées au moment opportun !

Un adage dit : « Quand l'élève est prêt, le maître apparaît. » Je remercie le ciel d'avoir fait connaissance sur mon chemin de vie d'un tel professeur ! Mon maître m'enseigna comment m'ouvrir aux champs des possibilités infinies en m'extirpant des structures définies. Merci, maître !

Maître Shi Yanzhuang me réserva encore d'autres surprises. Parmi elles, un énorme sabre forgé. Il était en métal du pommeau jusqu'à la pointe. La poignée était striée, la courbure de la lame gracieuse et élancée, il était magnifique !

Le sabre était si lourd que je me demandais s'il était réellement possible de le manier. Mon maître m'expliqua que, traditionnellement, on apprenait avec une arme lourde pour fortifier ses articulations, ses muscles et ses tendons avant de passer à la même arme de poids normal.

L'autre avantage était que lors des combats à mains nues, la puissance des coups s'en trouvait accrue. Les saisies et les clés de bras gagnaient aussi en force. Prudence alors à se contrôler, car si on ne le faisait pas, une articulation pouvait être facilement brisée !

Avec le lourd sabre forgé, je pratiquais un *taolu* que m'avait enseigné maître Zong Hong quand j'étais encore en France. La forme s'appelait « meihua dao », qu'on peut traduire par « sabre de la fleur de prunier ».

L'arme forgée était si lourde que je n'arrivais pas à conclure le *taolu*. Le sabre tombait au sol tandis que ma main, mon poignet et mon épaule se tétanisaient ! Il me fallait attendre une dizaine de minutes avant de pouvoir essayer à nouveau. Un long mois me fut nécessaire pour que j'arrive à exécuter entièrement la forme sans que l'arme m'échappe.

Cette méthode contient l'essentiel des mouvements de défense et d'attaque qu'il nous est possible d'exécuter avec un sabre. Le premier mouvement est une parade, car à Shaolin, on utilise le kung-fu uniquement pour se défendre. La réponse peut être le piqué de sabre, le tranchant à l'horizontale, la feinte du bas vers le haut, du haut vers le bas, en diagonale ou à la verticale.

Si ces méthodes guerrières paraissent féroces, c'est parce qu'elles nous viennent d'une époque où des bandits de grand chemin étaient monnaie courante, et où savoir se défendre était une question de vie ou de mort.

Aujourd'hui, on ne se déplace plus avec un sabre à la ceinture. Par son maniement, le pratiquant cherche donc à fortifier le corps et à atteindre la concentration permettant de maîtriser l'esprit qui commande le mouvement grâce à un principe qui dit que « les quatre membres vont où l'œil commande ». Lorsque l'harmonie est atteinte, l'équilibre physique et psychique est maintenu jusqu'à un âge avancé.

En faisant le point hebdomadaire habituel, maître Shi Yanzhuang m'observait exécuter la forme de maître Zong Hong. Il intervenait régulièrement. Il réfléchissait et me proposait une autre interprétation, moins schématisée. Je me demandais pourquoi il modifiait le *taolu* que je connaissais plutôt que de m'en apprendre un nouveau, je pensais à tort qu'il ne voulait pas m'enseigner ce qu'il connaissait.

Ce que je compris plus tard, c'est que maître Shi Yanzhuang me montrait comment rendre par moi-même simples et pratiques des mouvements compliqués. Il me montrait comment réinterpréter l'inapplicable afin de le rendre limpide et efficace !

Mon maître m'enseignait l'essence des arts martiaux. « Martial » est relatif à l'armée, à la guerre. Les arts martiaux étaient conçus pour les combats dans lesquels on pouvait perdre la vie en un battement de cils, mes mouvements devaient donc être efficients, rapides et percutants.

Je comprenais mieux pourquoi l'apprentissage était d'abord structuré, il fallait dans un premier temps affiner la dextérité du corps et de l'esprit au plus haut niveau. Ensuite, la finalité était de briser les chaînes que nous imposent ces règles afin de devenir sans la forme qu'elles nous confèrent. Maîtriser l'essence de la compréhension applicable en toutes situations.

Ce que j'admirais chez mon maître, c'est qu'il m'enseignait sans m'enseigner ! Il me montrait sans dire un mot, il répétait parfois plusieurs fois quand je ne comprenais pas, et ce, toujours dans le silence. Il m'invitait à l'introspection, d'abord observer, ensuite mémoriser, puis reproduire et réfléchir pour enfin comprendre par moi-même.

S'il diffusait l'enseignement, maître Shi Yanzhuang était en réalité lui-même la voie à suivre. La meilleure manière de donner l'exemple, c'est d'être l'exemple !

Il insista aussi sur le fait que je devais étudier les trois trésors, le bouddhisme, les arts martiaux et la médecine traditionnelle chinoise, pour atteindre la pleine compréhension de la culture Shaolin et que, isolé, chacun d'eux est inabouti.

Je m'impliquais avec sérieux dans leur apprentissage. Pour le bouddhisme, j'étudiais comment mener les offices avec les rituels codifiés ainsi que l'utilisation de tous les instruments et comment ils accompagnent les différentes situations. Je m'intéressais à la profondeur de sa philosophie et au sens caché des *sutras*. Quand je posais une question, les réponses concises de mon maître, parfois son silence préféré aux mots inutiles, pouvaient me perturber pendant plusieurs jours, remettant en cause bon nombre de mes conceptions. Avec maître Shi Yanzhuang, je n'apprenais pas les choses par cœur sans en saisir le sens, j'apprenais à les vivre !

Les arts martiaux, deuxième trésor, comprennent différents aspects. Je renforçais mon corps pour qu'il soit puissant et résistant, je pratiquais les *taolus* afin de me familiariser avec le combat et j'étudiais l'art de « l'attaque des points vitaux », nommé en chinois l'art de « presser les points d'acupuncture ». Il existe plus de trois cents points d'acupuncture. En combat réel, seuls cent huit sont utilisés, eux-mêmes répartis en trois catégories de trente-six et classés par ordre de dangerosité. Chaque méridien est rattaché à un organe ayant son propre cycle nycthéméral. Nous ne sommes pas une espèce nocturne, mais diurne, c'est-à-dire vivant le jour. La journée, le corps est en mouvement, tandis que la nuit, il est immobile afin de se régénérer (une partie du sang des membres revient aux organes). Le cycle nycthéméral est un cycle de vingt-quatre heures pendant lequel les organes sont plus ou moins sollicités. Lorsqu'on maîtrise cela, on peut être plus efficient en visant tel ou tel point selon le moment de la journée, matin, midi, après-midi ou soir.

Quant à la médecine traditionnelle chinoise, troisième trésor, j'ai commencé par découvrir comment soulager le musculaire et l'ostéoarticulaire quand nous nous soignions dans les chambres après nous être blessés avec le kung-fu. Ensuite, j'ai pris connaissance de la pharmacopée en voyant mon maître partir dans les montagnes avec une pioche et en revenir avec des plantes et des racines. Puis, j'ai commencé à étudier l'acupuncture quand, l'année où je suis arrivé à Shaolin, s'ouvrait « Wenhua Xue Yuan ». Dans une cour du temple, plusieurs salles avaient été aménagées afin d'étudier. Des enseignements sur le bouddhisme étaient dispensés par des moines gradués de six ans d'études à l'université de Pékin. J'y ai beaucoup appris sur la signification des textes que je récitais à l'office du matin, sur leur sens historique et culturel. J'ai longtemps participé aux différents cours sur l'histoire, la calligraphie, l'anglais et la médecine et ceux sur la médecine traditionnelle chinoise ont particulièrement retenu mon attention. À Wenhua Xue Yuan, j'ai appris la digitopuncture (acupuncture par pression digitale). Depuis six mille ans, cette discipline est pratiquée en Chine pour soulager, soigner et prévenir les pathologies physiques et émotionnelles. La technique, très efficace, équilibre l'énergie vitale (le *qi*) et la remet en circulation. Elle nous permet d'en savoir plus sur les méridiens, à savoir les flux d'énergie vitale qui nous traversent. Ces derniers sont reliés à des organes et des nerfs spécifiques et sont sillonnés par des points d'acupression. En exerçant une pression sur des points précis, on rétablit un équilibre donné. On peut ainsi soulager un mal de tête, des maux de ventre, relâcher les tensions musculaires, etc. Cette discipline me passionnait et je savais déjà que, plus tard, je l'approfondirais !

# 14.

Au monastère, la plupart des jeunes pratiquants d'arts martiaux faisaient partie de l'équipe de démonstration. Ils voyageaient dans le monde entier afin de promouvoir l'héritage de Shaolin. Par conséquent, ils souhaitaient découvrir la culture occidentale. De mon côté, je voulais apprendre le chinois et comprendre les traditions de la Chine continentale. Nous nous enrichissions mutuellement et nous nous sommes ainsi rapprochés. Naturellement, j'avais plus d'affinités avec certains qu'avec d'autres.

En fin de journée, après le repas, je ne rentrais pas tout de suite au village plus haut dans la montagne, j'aimais rester avec Jing Long qui faisait partie des moines guerriers et avec qui je m'entraînais avec plaisir.

Jing Long avait une constitution solide, robuste, son corps était dur et rigide dans la pratique, et je me souviens encore de son sourire et de sa mâchoire saillante. Il était sérieux et participait lui aussi à l'office du matin. Il savait comment utiliser le livre des *sutras* et m'a beaucoup aidé à comprendre et à suivre le déroulement des cérémonies. Il m'a aussi appris à réciter les *sutras* précédant et concluant les petits déjeuners et déjeuners, il m'a d'ailleurs offert mon premier livre dans lequel ils sont compilés. L'ouvrage, très annoté et usé, n'avait plus de couverture et des pages étaient cornées pour retrouver rapidement des passages. Cette relique véritable représente une part de mon histoire et je la conserve précieusement.

Chaque midi avant le déjeuner, nous partions ensemble avec nos deux bols et notre paire de baguettes. Le soir, j'aimais le retrouver. Je toquais à sa porte et attendais qu'il m'ouvre. Avec le sourire, il m'accueillait. Sa chambre était simple, trois lits superposés, un bureau contre le mur central, et une petite fenêtre rouge traditionnelle donnant sur l'extérieur. À l'entrée, il avait la chance d'avoir des toilettes ainsi qu'un robinet, ce qui n'était pas le cas de toutes les chambres.

Jing Long s'asseyait sur son lit et moi en face de lui. Il savait pourquoi je venais. Parfois, je posais des questions sur l'utilisation du livre des *sutras*, d'autres fois sur des rites concernant la vie au temple. Puis, quand il estimait que la discussion était finie, il me souriait et, subitement, lançait en élevant le ton : « Lian gong qu ! », ce qui signifie : « Allez ! On va s'entraîner au kung-fu ! », et il rigolait ! Je l'entends et le vois encore…

En arrivant en Chine, hormis « bonjour » et « merci », je ne savais rien dire. C'est en échangeant quotidiennement avec mon maître et mes condisciples que j'ai appris, et parmi eux, Jing Long a été un de mes meilleurs professeurs.

Nous pratiquions tous les deux le kung-fu jusqu'à tard le soir. Nous allions dans une cour dont l'accès se faisait par Tian Wang Dian, le « hall des Rois du ciel ». Hauts de plusieurs mètres, les rois font face aux quatre points cardinaux. Le regard courroucé des deux généraux, Heng et Ha, est dirigé vers l'entrée. Ils protègent le temple des visiteurs à l'âme mal intentionnée.

Il y a mille cinq cents ans, ce hall était l'entrée principale du temple. C'est la raison pour laquelle se trouve devant lui un majestueux ginkgo du même âge. Chaque automne, il recouvre le sol d'un magnifique tapis de feuilles dorées.

Au fond de la cour, Da Xiong Bao Dian, le « grand temple du Trésor puissant » où je me rendais chaque matin. Sur ses fondations sculptées de moines guerriers s'élançaient les hauts piliers en bois rouge supportant l'élégante toiture courbée aux tuiles vernissées. La prestance et la grâce de l'édifice ne laissent pas indifférent.

C'est dans cette magnifique cour, entre les hautes stèles en pierre compilant l'histoire millénaire de Shaolin, que nous nous entraînions.

Jing Long aimait se perfectionner à la *yue ya chan*, une arme dont l'origine remonte à plus de trois mille ans. Ce simple bâton prolongé d'une pelle plate accompagnait les moines lors de leurs pèlerinages. Il pouvait être utilisé comme outil, pour préparer le campement, et comme arme, pour se défendre des animaux sauvages et des bandits. Jing Long affectionnait particulièrement son maniement, et m'enseigna son utilisation. Torse nu, le corps trempé de sueur, nous répétions pendant des heures. Il faisait noir et les cours du temple étaient vides. C'était un rêve éveillé !

Après nos entraînements rigoureux et tardifs, nous discutions dans la chambre de Jing Long, puis je rentrais à Wangzhigou. Un soir, une pluie torrentielle s'invita pendant nos échanges. L'horloge tournait et le déluge persistait, alors Jing Long m'a proposé de rester dormir. Ce fut ma première nuit légendaire au temple. Nous avons discuté pendant des heures. Le matin, nous nous sommes réveillés ensemble puis nous sommes allés dans le hall du Grand Trésor puissant réciter les *sutras*. Nous avons déjeuné ensemble, nous nous sommes de nouveau entraînés ensemble… Nous ne nous quittions plus. La situation s'est reproduite plusieurs fois puis, un jour, Jing Long m'annonça qu'il partait une semaine en représentation à l'étranger. Me sachant heureux de loger au monastère, il me proposa de garder sa chambre.

J'allais donc passer une semaine dans cette chambre à l'intérieur du temple, c'était un véritable bonheur ! Je lustrais le sol carrelé de dalles anthracite et nettoyais les toilettes impeccablement. La nuit, je rencontrais parfois d'énormes mille-pattes et des scorpions. Qu'importe, je restais prudent mais, surtout, je n'avais plus à remonter au village plusieurs fois par jour. J'étais dans le monastère et me rapprochais un peu plus de mon rêve.

À son retour, Jing Long a trouvé la chambre parfaitement propre, ce qui lui a fait très plaisir. Il m'a demandé de rester la nuit pour parler de son séjour et discuter. C'est ainsi que de jour en jour, je me suis naturellement installé au temple et j'ai pu y vivre, tout cela grâce à Jing

Long. Pour lui témoigner ma gratitude, je lui ai offert une version supérieure de son arme favorite, une magnifique *yue ya chan*. Je suis allé la chercher à Dengfeng. Il n'en avait jamais eu une aussi belle, ce qui l'a beaucoup touché. Le bois était de bonne qualité, le métal fait d'un acier brillant et solide. Il aimait s'entraîner avec et l'utilisait souvent lors des démonstrations.

Mais ce ne fut pas si simple que cela. La semaine qui suivit le retour de Jing Long, les autres occupants de la chambre revinrent d'une représentation à l'étranger qui avait duré plus longtemps. Les choses prirent une autre tournure. Un élève n'apprécia pas ma présence, moi, le différent, l'Occidental, l'intrus. Une tension s'installa, jusqu'à ce que cet élève aille dire à mon maître qu'il voulait que je parte.

Mon maître ne me dit rien mais me proposa une autre chambre. Nous étions onze personnes dans cette pièce toute en longueur sans aucune commodité. Je m'installais une deuxième fois, et disposais d'un lit superposé, d'une armoire et d'un service à thé traditionnel chinois.

Les semaines s'écoulèrent, puis je partis avec un groupe afin de participer à une démonstration. À mon retour, certains de mes effets personnels avaient disparu. J'en parlai à mon maître qui eut une idée très simple. Il me demanda de le suivre et ouvrit la porte d'un petit placard qui se trouvait à gauche de la porte de sa chambre et dans lequel étaient rangées les armes d'entraînement. Il me laissa jeter un coup d'œil et me demanda si je serai prêt à y vivre. J'ai d'abord vérifié si un lit pouvait rentrer, j'ai vu que c'était tout juste possible, j'ai alors réfléchi un instant, puis j'ai acquiescé.

Dans la longueur de ce placard aux murs en béton brut, j'ai réussi à faire tenir un lit superposé avec une planche en bois pour sommier. C'était si serré qu'une épaule touchait le lit et l'autre le mur quand je me tenais debout. J'ai tout juste réussi à caser un petit bureau rudimentaire entre le bout de mon lit et le mur. Il restait à peine un petit coin dans lequel je casais un bâton, une lance et un sabre.

En haut du lit superposé, j'ai placé des caisses en plastique où étaient rangés mes habits et je dormais à l'étage du bas. Il n'y avait pas de lumière, j'ai donc connecté un fil à celle du couloir, l'ai tiré dans ce qui allait devenir ma chambre et y ai bricolé un interrupteur avec une ampoule pour m'éclairer. Il ne restait plus qu'à installer un cadenas à la porte, et à masquer d'un simple bout de tissu la petite fenêtre qui donnait sur le couloir.

Tout cela peut paraître rudimentaire mais ça me convenait, ça m'allait même très bien ! Je vivais dans le temple et j'ai fait de ce placard où tenait tout juste un lit mon petit cocon douillet et chaleureux. Au monastère, c'est un luxe et un privilège rare que d'avoir une chambre pour soi.

J'allais vivre trois ans dans un placard et ces années furent les plus belles que j'ai vécu à Shaolin.

Je vivais dans le temple et c'était bien là l'essentiel !

Au fil du temps se créèrent des habitudes, j'allais souvent prendre le thé avec mon maître, nous mangions ensemble dans sa chambre, je me sentais si bien.

Une nuit, vers 3 heures, alors que je dormais profondément, j'ai eu l'impression d'entendre mon maître crier. Était-ce un rêve ? J'ai tendu l'oreille quelques secondes, puis ai entendu de nouveau sa voix grave et profonde : « Tout le monde debout ! Réveillez-vous ! Vite !!! » Puis il toqua à ma porte. Là, plus de doutes, il se passait quelque chose !

J'ai allumé et, en ouvrant les yeux, la fumée était si épaisse que je ne pouvais pas voir ma main. Un lourd nuage grisâtre planait du plafond jusqu'au lit. Surpris, j'ai voulu me redresser pour m'habiller, mais je fus aussitôt enveloppé par la fumée et j'ai instantanément étouffé, je toussais sans pouvoir inspirer, j'étais en train de m'asphyxier. De manière instinctive, je me suis rapproché du sol pour respirer de l'air plus pur.

J'ai enfilé un pantalon et mes chaussures. Torse nu et accroupi, j'ouvris la porte. La fumée avait envahi toute la section des moines guerriers, et je compris que c'était grave.

Je fus étonné de ne voir personne. Je me demandais si j'étais le premier ou le dernier à sortir de sa chambre. Accroupi, je me dirigeais tant bien que mal vers la sortie. Et si ma tête passait dans le nuage de fumée, c'était comme boire la tasse inversée ! Sa consistance était très épaisse et son goût écœurant. Je toussais, mes poumons étaient comme bloqués, je ne pouvais plus inspirer.

En avançant, je distinguais la lumière des flammes qui s'échappaient de la chambre occupée par un moine octogénaire. Je me suis dirigé vers la haute double porte en bois, et après avoir descendu les marches de l'entrée, me suis retourné. Choqué, je vis les flammes s'élever vers le ciel, contrastant avec le noir intense de la nuit. Elles s'échappaient de la fenêtre du vieux moine et venaient caresser les courbures de la toiture. Leurs teintes changeantes, tantôt jaunâtres, tantôt orangées, accompagnaient l'épaisse fumée masquant la voûte étoilée. Le calme de la nuit faisait place aux explosions issues de la combustion de ce qui se trouvait dans la chambre. Le vieux moine y stockait des branches et du bois qu'il faisait brûler pour chauffer ses repas. Nous avons tous compris l'origine de l'incendie.

Nous étions tous dehors à observer, sidérés, jusqu'à ce que quelques-uns décident de retourner prudemment à l'intérieur chercher des extincteurs. Par la fenêtre nous dirigions le jet dans la chambre. Les lourds réservoirs de métal rouge se vidèrent bien vite et commencèrent à s'empiler en nombre le long du mur. Nous comprîmes alors que les extincteurs seraient insuffisants et nous nous sommes dispersés dans toutes les cours du temple afin de réunir tous ceux qu'il était possible de trouver pour éteindre le feu.

À force de persévérance, il diminua progressivement d'intensité, puis quelques téméraires sont à nouveau entrés dans le temple pour tenter d'éteindre le feu à l'intérieur de la chambre du vieux moine. Les flammes perdaient de leur hauteur et la poudre des extincteurs en diminuait l'éclat.

Nous entendions maintenant les cris de l'intérieur : « Vieux moine ! Vieux moine ! » D'autres téméraires sont entrés et les appels se sont renouvelés, sans réponse.

Nous nous sommes alors regardés. Inquiets et tristes, nous avons pensé qu'il était décédé.

Les appels se sont répétés encore et encore. Dehors, face à l'incendie, nous regardions la porte d'entrée dans l'espoir de voir sortir le vieux moine. Puis, la fumée se dissipa lentement, une silhouette se dessina, puis une seconde jusqu'à les discerner distinctement.

Soudain, c'était sûr, je reconnus mon ami Jing Long ! Sa main entourait la taille du vieux moine qui avait passé le bras autour de son cou. Lentement, d'un pas assuré, mais toussant, ils sortirent tous les deux de l'enceinte enflammée.

Avec beaucoup d'émotions, nous les regardions sortir de la fumée, enjamber la haute poutre de la porte d'entrée et descendre les escaliers. Certains d'entre nous sont allés soutenir le vieux moine que nous regardions, ébahis. Il s'est assis. Abasourdis, nous le gobions des yeux, il avait sûrement eu la peur de sa vie !

Le feu éteint, nous avons ouvert toutes les portes et fenêtres afin de créer un courant d'air dans toutes les chambres de la section des moines guerriers où nous étions une centaine à vivre. Pendant plus d'une heure, nous sommes restés dans le froid à attendre que l'air intérieur devienne à nouveau respirable.

Du sol au plafond, les murs de chaux blanche étaient grisâtres tandis que le sol était recouvert d'une épaisse couche noirâtre. Il en était de même pour nos effets personnels, les lits, les couettes, les coussins… tout était recouvert de l'épaisse couche toxique ! J'ai rapporté en France le livre des *sutras* offert par mon maître. La couverture jaune en est encore imprégnée. On peut toujours y voir la couche grisâtre de fumée. Encore aujourd'hui, quand j'observe ce livre des *sutras*, je repense à l'incendie de cette nuit, où j'ai failli perdre la vie avec toute la section des moines guerriers.

# 15.

À la fin de ma première année, en octobre 2010, j'entendis mon maître parler de démonstrations. Nos portes de chambre étant mitoyennes, je voyais passer les personnes lui rendant visite et j'entendais souvent les discussions concernant les affaires internes du temple. Parfois, j'assistais directement aux échanges. J'étais très intéressé, je voulais toujours faire partie intégrante de la vie interne du temple et être un authentique moine guerrier Shaolin ! Je ne souhaitais pas être perçu comme un visiteur de passage, ou encore comme un *lao wai*, un « étranger » en chinois.

Les démonstrations devaient se tenir dans une grande cour carrée du temple appelée « Ci Yun Tang ». Elle était ceinte d'une agréable coursive couverte d'appentis à l'architecture traditionnelle chinoise qui abritait des stèles centenaires retraçant l'histoire du monastère. Avec ses bambous, la cour était très agréable ! Au centre se dressait une imposante pagode à base carrée. Chaque façade comportait de grandes et lourdes portes faisant face aux quatre directions. Lorsqu'elles étaient ouvertes, elles laissaient deviner une imposante statue en marbre blanc, celle de la divinité de la Compassion aux mille mains, Qianshou Guanyin. Devant le *bodhisattva* dansaient les flammes des bougies et s'élevait vers les cieux la douce fumée de l'encens.

Une date avait été fixée pour début 2011. Maître Shi Yanzhuang estima qu'ayant travaillé dur et sérieusement la première année, j'avais atteint le niveau me permettant de participer. Il m'inclut donc dans l'équipe de démonstration. J'en fus ravi, je me sentis enfin accepté. Je vivais dans le temple Shaolin, mon maître était l'instructeur des moines guerriers et on m'intégrait dans les représentations quotidiennes qui allaient avoir lieu au sein même du monastère, c'était du jamais-vu !

Les derniers préparatifs effectués, les représentations allaient enfin pouvoir commencer. Des bancs en bois pour les visiteurs étaient alignés sur plusieurs rangées en bas de l'estrade en pierre haute de plus d'un mètre. Au fond, la coursive derrière laquelle s'élevait la haute tour de la cloche. Ce cadre unique, arboré et verdoyant, allait vivre un moment exceptionnel et inoubliable avec la présentation de plusieurs facettes du kung-fu des moines Shaolin.

Les représentations commençaient par une série de huit mouvements destinés non pas au combat mais à nourrir la santé, le fameux *qi gong*. Ces mouvements sont calmes, lents et synchronisés avec la respiration. Chaque posture est destinée à avoir une action sur les méridiens d'acupuncture de la médecine traditionnelle chinoise.

Les huit postures sont répétées chacune huit fois, et l'enchaînement des soixante-quatre mouvements prend une dizaine de minutes. Ces huit mouvements de *qi gong* médicinal se nomment *ba duan jin* et sont souvent traduits en français par « les huit pièces de brocard ». Pour effectuer le *ba duan jin*, des groupes étaient sur deux rangées parfaitement ordonnées et synchronisées.

Dans le premier mouvement, nous levions les paumes vers le ciel pour harmoniser *san jiao* en portant d'abord l'énergie vitale dans les paumes depuis *dan tian*, situé dans le bas-ventre. *Dan tian* (*qi hai*, en chinois) est considéré comme l'« océan d'énergie », c'est le centre de gravité du corps. *San jiao* correspond aux « trois foyers » qui sont le foyer supérieur, avec le poumon qui réceptionne l'oxygène et l'œsophage, la nourriture, le foyer intermédiaire, qui comprend l'estomac et a une fonction de transformation, avec les aliments, par exemple, et le foyer inférieur, qui abrite les intestins et les reins et a pour fonction de séparer. Le « pur » va nourrir l'organisme, l'« impur » est évacué.

Répéter le mouvement huit fois régule les trois foyers, parfois nommés les « trois réchauffeurs ».

Le deuxième mouvement, « tirer à l'arc et viser l'aigle royal », consistait à prendre la position de l'archer. Un genou fléchi et l'autre tendu, nous brandissions l'arc en visant le ciel. Cette posture ouvre la poitrine afin de compléter la qualité nutritive du sang en l'oxygénant par l'inspiration.

Le troisième mouvement se nomme « harmoniser la rate et l'estomac ». Une paume est tendue vers le *yang* du ciel et l'autre vers le *yin* de la terre. Ensemble, elles engendrent un étirement de la zone abdominale relâchant la rate et l'estomac. Dans cette position, nous retrouvons aussi une notion d'équilibre de *yin* et *yang*.

Le quatrième mouvement, le « regard vers l'arrière », est une torsion maximale des vertèbres cervicales, dorsales et lombaires. Cela entretient leur mobilité en stimulant la moelle épinière et le flux du canal rachidien par lequel circulent les informations depuis les moelles cérébrales jusqu'au système nerveux.

Le cinquième mouvement se nomme « fermer le poing avec les gros yeux ». Dans la position du cavalier, les cuisses parallèles au sol et le dos bien droit, nous serrions le poing en inspirant puis nous poussions fort en expirant lentement avec puissance. Ce mouvement est destiné à augmenter la vigueur, la force et à nourrir les yeux du sang du foie en les ouvrant en grand et en y mettant notre attention.

Le sixième mouvement est « se laisser tomber sur les talons ». Il s'agit de se tenir debout, mains sur les reins, et de monter lentement sur la pointe des pieds en inspirant, puis de relâcher d'un coup l'extension pour se laisser tomber sur les talons. Les vibrations transmises aux organes au moment de l'impact permettent de retrouver l'harmonie dans la structure physique, émotionnelle et mentale.

Le septième mouvement, « basculer le bassin », prévient les douleurs de la hanche et du col du fémur. Dans la posture du cavalier, nous inclinions le tronc en avant, amenions l'oreille gauche à proximité du genou gauche, tendions la jambe droite puis nous nous redressions lentement en faisant face au côté. Nous revenions à la position initiale avant de répéter avec le côté droit. Cet exercice sollicite les muscles et les ligaments du pelvis ; le pratiquer régulièrement les tonifie et fortifie le col du fémur.

Enfin, le huitième et dernier mouvement, qui clôt ce *qi gong*, consiste à fortifier les reins. Debout et genoux tendus, nous descendions dos droit vers l'avant jusqu'à toucher le sol et passions la tête entre les genoux. Répéter l'étirement est comme serrer puis relâcher une éponge à plusieurs reprises : c'est un massage interne des reins qui se gorgent du sang transportant les éléments nutritifs. Il est très bénéfique aux maux de dos. En stimulant le rein, nous stimulons notre essence vitale, le *jing*, située à la deuxième vertèbre lombaire au point d'acupuncture *ming meng*, qui signifie «porte de la lumière». C'est pourquoi nous nous sentions remplis d'énergie l'exercice fini.

Le véritable *qi gong* est basé sur la médecine traditionnelle chinoise. La connaissance et la compréhension de la physiologie musculaire et ostéoarticulaire, des fonctions organiques et des méridiens d'acupuncture font la différence dans la qualité de la pratique. Le *qi gong* est accessible à tout le monde, hommes et femmes, jeunes et vieux, et s'exercer régulièrement permet de le pratiquer jusqu'à un âge avancé.

Après le *qi gong* calme et harmonieux, le dynamisme prenait le relais avec les *taolus* rapides et vigoureux du kung-fu. Nous proposions un enchaînement de mouvements de protection, d'esquive et d'attaque que nous répétions seuls avant de les appliquer à deux. Ces *taolus* sont généralement explosifs, puissants, parfois acrobatiques. Certains d'entre nous étaient plus portés sur les coups de pied, d'autres sur les poings ou encore sur l'acrobatie des sauts et le sol.

Lors de ces démonstrations, nous proposions aussi les formes les plus représentatives de Shaolin, par exemple, *xiao hong quan*, qui est une forme traditionnelle très complète avec les soixante-douze mouvements qui compilent l'ensemble des dix-huit bases. On y retrouve les postures les plus courantes avec l'utilisation des poings, des paumes, des coups de pied de face, vers l'intérieur et l'extérieur, des clés de bras et des projections.

Le *luohan quan*, très typique également, est la boxe des *arhats*, les maîtres ayant atteint le dernier échelon de la sagesse bouddhique. Son principe fondamental est, dans une posture de divinité bouddhiste, de rester immobile sur sa garde en attendant l'assaut de l'adversaire, pour lequel la réponse est spontanée, explosive et puissante.

Après les formes à mains nues, c'était le tour des formes armées. La tradition Shaolin dit qu'il en existe dix-huit, elles sont en réalité plus nombreuses. Quant aux armes, elles sont classées par catégorie.

Nous commencions par les armes longues avec, entre autres, le bâton privilégié des moines qui avaient fait vœu de ne pas tuer. Surmonté d'un couteau, il devient une lance, et d'un sabre, une hallebarde. Pour élargir l'aperçu des possibilités de cet art guerrier, nous présentions d'autres armes longues comme la fourche paysanne ou le balai.

Suivaient les armes courtes avec, par exemple, la canne de bodhidharma, dont le *tonfa* est un dérivé, le sabre à simple tranchant, plutôt utilisé sur les champs de bataille, et l'épée à double tranchant, d'utilisation plus raffinée, la rectitude de sa lame symbolisant celle des lettrés.

Ces armes courtes pouvaient être utilisées en paire comme le double sabre, les doubles dagues, les doubles croches du tigre, etc.

Enfin, pour diversifier ce tout chevaleresque, les armes souples prenaient le relais. Le fouet avec ses déflagrations semblables à des coups de feu ouvrait le bal, en captivant non pas l'œil, mais l'oreille sifflante du spectateur. Aussi la fine chaîne à neuf sections qui, avec un fanion à son extrémité et une féroce vélocité de rotation, dégageait un bruit assourdissant ! Suivait la corde météore demandant une grande dextérité, le fléau, le tribâton ainsi que la lourde chaîne à neuf sections dont le souvenir impérissable peut encore se lire sur mon visage !

Les personnes présentes aux représentations repartaient souvent marquées par les performances. Voir un sabre manié avec une telle habileté à la télé ou l'observer de ses propres yeux ne frappe pas de la même manière !

En démonstration, j'aimais me diversifier. Je pouvais présenter uniquement une forme à mains nues, d'autres fois, avec armes et parfois les deux.

J'aimais aussi me mettre à l'épreuve, je m'essayais alors à ce qui venait de m'être enseigné. Je présentais des choses peu courantes. La grosse chaîne à neuf sections était peu connue du grand public et seuls quelques rares pratiquants savaient l'utiliser. C'était aussi un moyen pour moi de me démarquer et de m'affirmer. Pour elle, je me suis durement entraîné. C'est une arme dangereuse pour l'adversaire, mais aussi pour celui qui la manie. Sa lourde pointe m'a plus d'une fois percuté le crâne et les tibias, qui gonflaient tel un œuf. Les œdèmes, extrêmement douloureux, persistaient pendant deux à trois semaines. À force d'entraînement, je me suis moins blessé et l'idée d'essayer en démonstration s'est insinuée. La première fois, ce fut avec prudence. Peu confiant, j'ai pris le temps d'exécuter correctement chaque mouvement pour ne pas me blesser. Tout s'étant bien passé, j'ai essayé une deuxième puis une troisième fois, jusqu'à me sentir sûr de moi. C'est là que j'ai appris une nouvelle leçon : à être trop sûr de soi, on finit par ne plus faire assez attention à soi !

J'ai toujours aimé faire mieux, me dépasser et progresser, à chaque passage j'essayais de m'améliorer. Un jour, je me suis élancé, décidé ! Arrivé au centre de la scène, j'ai salué le public en m'inclinant et ai fait un coup de pied sauté retourné avant de retomber solidement sur mes jambes. J'ai poursuivi en faisant tourner la chaîne, l'ai enroulé autour de mon pied pour propulser sa pointe en direction du visage de l'adversaire. Tout se passant bien, j'ai poursuivi les enchaînements qui se terminaient souvent par un mouvement avec lequel la chaîne monte derrière le dos, passe entre l'oreille et l'épaule puis descend finir sa course à la taille où la main qui tient la poignée attrape en même temps la pointe. La figure s'achève sur une position de garde avant de lancer le prochain assaut.

Ce jour-là, j'ai pris le risque d'aller plus vite avec plus d'amplitude, et quand j'ai voulu prendre la posture de garde, la chaîne n'est pas passée dans le creux du coup, elle a dévié, est montée derrière le crâne, et l'arcade sourcilière a aussitôt explosé, violemment percutée par la pointe. La plaie ouverte sur plusieurs centimètres laissait entrevoir la boîte crânienne. J'ai stoppé immédiatement ma représentation, ai salué le public et me suis vite retiré. Le sang coulait abondamment, il y en avait partout sur mes habits et sur le sol, j'étais très inquiet. Un frère d'armes m'a accompagné à l'officine du temple. J'y suis resté une semaine avec de la gaze scotchée sur le front, après quoi j'ai découvert ma nouvelle compagne ! J'examinais mon visage dans un miroir : au-dessus du sourcil gauche s'élevait à la verticale une impressionnante cicatrice. Un centimètre plus bas et je perdais l'œil ! Il m'arrive encore de repenser à ce jour en me voyant dans une glace. La cicatrice reste présente et le souvenir de la chaîne le sera éternellement !

Après le *qi gong* et les *taolus*, nous passions ensuite aux casses. Un expert de kung-fu Shaolin doit avoir un corps robuste afin de résister aux coups de l'adversaire. Pour le renforcer, nous cassions sur le ventre, le dos, les bras, les jambes, ou encore le sommet du crâne, des blocs de pierre et des barres en métal ou en bois. Des chocs répétés de manière progressive renforcent la résistance du corps, un peu comme la corne sur les mains qui se forme et durcit à l'usage d'un outil.

Tous les matins, alignés devant le maître, nous faisions le point sur qui allait faire quoi à la représentation du jour. Ce matin-là, la question se posa de nouveau : qui allait faire la casse de bâtons ? Nous étions sur la nouvelle scène qui venait d'être construite et offrait plus d'espace afin de mieux nous exprimer. Le maître nous observait silencieusement, et… tourna la tête vers moi ! Il me regarda et me sourit en guise de réponse. Le groupe se mit à rire, je me sentis mal à l'aise, je n'avais jamais fait de casse et ne savais pas si j'allais en être capable !

Nous ne pouvions pas prendre le risque d'attendre d'être sur scène pour le vérifier. C'est donc à la dernière minute que nous avons tenté quelques essais. Il fallait d'abord synchroniser des mouvements avec la respiration pour se concentrer, puis diriger l'intention à l'endroit où allait se produire la casse. Ce processus est le même que celui du *qi gong*, mais avec des mouvements différents.

Arrivait le moment que je redoutais tant, la première casse. Mon maître m'observait, confiant, il m'avait enseigné des méthodes pour renforcer le corps que je travaillais depuis plus d'un an. Mais par quel endroit allais-je commencer : la tête ? le ventre ? le dos ? la jambe ?… J'optai pour l'épaule, l'option avec laquelle je me sentais le plus à l'aise. Je me suis mis dans la position de l'archer et j'ai contracté l'épaule aussi fort que je le pus. Derrière moi se tenait le condisciple qui des deux mains brandissait le bâton au-dessus de sa tête pour l'abattre aussi fort que possible sur mon épaule. Il fit le geste lentement une première fois afin de jauger la distance, une deuxième pour viser avec précision l'endroit de l'impact et à la troisième, il brisa violemment le bâton sur mon épaule ! Le bâton percuta le sol avec violence avant de rebondir au-dessus de ma tête. Surpris et inquiet, j'ai remué l'épaule et me suis empressé d'enlever mon vêtement pour vérifier si je n'étais pas blessé. Mis à part une boursouflure rouge, tout allait bien !

Cette mise à l'épreuve m'ayant prouvé que j'étais capable, j'ai voulu essayer avec le dos. Après les mouvements de préparation, je me suis remis dans la position de l'archer mais en joignant les deux avant-bras devant ma tête, poings serrés. Recroquevillé, j'ai contracté les muscles du dos à leur maximum. Mon frère d'armes prit position et effectua les deux essais avec une trajectoire parallèle au sol. Au troisième, avec toute l'amplitude possible, il propulsa le bâton qui vola en éclats contre ma colonne vertébrale ! Cette fois, j'ai senti quelque chose, mais, par fierté, j'ai fait comme si de rien n'était. Le groupe qui m'observait a souri et m'a demandé si j'étais prêt à continuer. Il m'était impossible de perdre la face, alors j'ai acquiescé et, quelque peu tracassé, me suis préparé aux dernières options !

J'ai choisi la jambe. Cette fois, je me tenais debout, la jambe tendue sur le côté, les deux mains jointes en salut bouddhiste. Le frère d'armes se positionna à mon dos, leva le bâton au-dessus de sa tête et le descendit lentement pour le poser sur mon quadriceps, je n'étais pas rassuré. Il le leva une deuxième fois pour confirmer l'endroit de l'impact. Puis, sûr de lui, il brandit le bâton au-dessus de sa tête et, en hurlant, de toutes ses forces, il pulvérisa le bâton sur ma cuisse. Grâce aux postures basses du kung-fu qui développent des jambes solides, j'ai passé l'épreuve avec succès !

Tandis que tout le monde applaudissait, j'ai joint les deux mains en signe de gratitude. En surmontant les défis, je vérifiais mes capacités en situations réelles. En même temps, je gagnais un peu plus l'estime de mes compagnons, ainsi que mon intégrité au sein du groupe des moines guerriers de Shaolin.

Dans le processus de renforcement, le niveau supérieur aux casses de bois est de briser le métal. Mais si avec le bois, nous subissons l'action, avec le métal, nous la menons. Je devais tenir une barre en fer entre mes mains avant de la briser moi-même sur le sommet de mon crâne. Cette technique s'appelle « la tête brise le fer ».

Cette méthode est destinée à renforcer la boîte crânienne pour ne pas être sonné quand on reçoit un coup. J'ai voulu essayer, savoir si j'en étais capable ! J'ai saisi une barre, elle mesurait une cinquantaine de centimètres et pesait près d'un kilo. Je me suis demandé si c'était une bonne idée. En fois en position de l'archer, la barre entre les mains, j'ai penché la tête en avant. J'ai levé lentement la barre et l'ai mise en contact avec le sommet de ma tête, j'ai senti qu'elle était lourde et froide. Peu confiant, j'ai répété le mouvement. Puis, je me suis dit que je devrais essayer de la taper un coup sur mon crâne, mais pas trop fort, juste pour voir. La rigidité ne m'avait pas rassuré, mais je voulais confirmer. J'ai donc renouvelé plusieurs fois l'essai en tapant légèrement la barre sur le sommet de ma tête, et je l'ai posée…

Je n'osais pas passer à l'acte ; or, je n'aime pas me sentir incapable d'accomplir une tâche ! Je me suis mis à marcher, à tourner en rond et à réfléchir. L'allure de mes pas s'accélérait, j'avais du mal à supporter cette frustration. Alors, d'un pas ferme et décidé, j'ai foncé sur la barre, l'ai prise à deux mains et sans réfléchir, l'ai fait exploser instantanément sur le sommet de mon crâne ! Si j'ai décidé que j'y arriverai, j'y arriverai !

J'ai aussitôt pris une autre barre, et j'ai recommencé, je voulais me sentir confiant ! J'ai répété plusieurs fois l'opération, jusqu'à ce qu'on me dise que si je continuais, il n'y aurait plus de barres pour les démonstrations ! Alors, j'ai regardé au sol et voir tous les morceaux brisés m'a donné une idée. Je les ai ramassés et me suis dirigé vers le socle de pierre sur lequel était bâtie la pagode. J'ai posé la barre sur ce qui me faisait office de muret et j'ai calé mon genou gauche dessus afin de l'immobiliser. J'ai levé la main droite au-dessus de ma tête et je l'ai abattue sur la barre en fer qui implosa instantanément. Tous les morceaux des barres que j'avais cassées y sont passés !

J'ai alors compris que, à trop mentaliser, je n'osais pas passer à l'action. En revanche, je pouvais l'accomplir sur une pulsion, ici après une visualisation soudaine. Mais si trop réfléchir me freinait, agir uniquement sous pulsion pourrait me compromettre. À partir de ce jour, j'ai essayé de trouver le juste équilibre entre les deux.

J'ai pensé renouveler la prouesse en démonstration, et mon maître accepta ma demande.

À la représentation suivante, j'allais donc m'essayer à la performance. Je me préparais mentalement et me visualisais. C'est un exercice mental qui crée une distorsion du temps, et le moment de mon passage arriva sans que je m'en rende compte. Les frères sont venus me chercher, c'était mon tour. J'avais le trac, une boule au ventre, alors j'ai pris quelques respirations avant d'avancer d'un pas lent et maîtrisé vers le centre de la scène. J'ai salué, j'ai fermé les yeux et j'ai commencé à effectuer les mouvements de *qi gong* pendant qu'un condisciple cognait deux barres en faisant le tour de la scène pour prouver qu'elles étaient bien réelles avant d'en poser une devant moi. Le *qi gong* conclu, je ramassai la barre puis me mis dans la position de l'archer. Lentement, j'ai approché la barre de ma tête, j'ai recommencé une deuxième fois et à la troisième, sans réfléchir et en criant, je l'ai explosée contre mon crâne ! La barre en fer a été instantanément pulvérisée. Pour être sûr de ne pas rater mon coup, j'y suis allé tellement fort que les éclats ont volé derrière moi, jusqu'à l'énorme porte en bois de la pagode !

J'entendais tout le monde applaudir, j'ai vu mon maître sourire, les frères d'armes m'ont félicité, je me sentais soulagé.

Après cet exploit personnel, lors de la démonstration suivante, un condisciple en brisa deux, la surenchère était lancée… J'ai d'abord essayé seul dans un coin. J'avais compris qu'il fallait y aller à pleine puissance sans hésiter. C'est ce que j'ai fait : j'ai brisé les deux barres et mon crâne a pu le supporter.

Pour la démonstration suivante, j'ai demandé discrètement à mon condisciple de me poser deux barres. J'ai pris la première puis la seconde barre et les ai empilées.

J'ai effectué lentement le geste une première fois en les mettant en contact avec ma tête. Je l'ai refait une deuxième fois, puis j'ai bloqué ma respiration et j'ai porté violemment le coup sur le sommet de mon crâne où elles se sont brisées ! Je venais de m'élever d'un cran !

Je me suis ensuite renseigné, quelqu'un avait-il déjà réussi avec trois barres ? La réponse était non ! Pour moi, ce fut l'occasion de faire quelque chose d'unique à Shaolin. J'ai donc demandé à mon frère d'armes de m'en déposer trois pour la prochaine représentation. Cette fois, pas d'essais préalables, ça ne me donnait aucun autre choix que de réussir ! J'ai réussi du premier coup, tout le monde fut surpris, je me sentais fier !

J'ai commencé à me prendre pour quelqu'un de spécial, j'étais le seul à faire cette prouesse à Shaolin. Mais je me suis fait détrôner, et cela a calmé mes ardeurs ! Les frères ont réussi à en briser trois et ils me taquinèrent : alors, Yan You, quatre ?! Par fierté, j'ai répondu oui, mais en réalité, je ne le sentais pas.

Cette taquinerie qui me remettait à ma place a duré jusqu'à un week-end des festivités nationales. Ce jour-là, la cour était bondée de monde, à tel point que la plupart des spectateurs se tenaient debout.

Pendant que j'exécutais le *qi gong*, et sans que je sois prévenu, deux frères d'armes firent ensemble le tour de la scène en cognant chacun deux barres. Je les observais du coin de l'œil. J'espérais que ce n'était pas ce que je pensais… Ils se rapprochèrent, et en rigolant, posèrent les quatre barres à mes pieds. Moi, je ne rigolais pas !

En pleine représentation, au milieu de la scène et devant tant de monde, je n'eus pas le choix !

J'ai pris une barre dans chaque main, j'ai inspiré en envoyant lentement la droite en arrière avant de la mettre dans l'autre dans ma main. J'ai recommencé avec la troisième, puis la quatrième.

En réalité, à cet instant, je me sentais envahi par le doute. Dans mes deux mains, je vis le bloc que ça représentait et, en le soulevant, je pris conscience d'à quel point il pesait. J'avais la boule au ventre, je sentais que je prenais un risque !

Peu sûr de moi, j'ai approché la masse en direction de ma tête, la sensation de son contact au vertex me laissa perplexe. J'ai recommencé, puis le fauve intérieur qui me pousse dans des moments de crainte s'est manifesté. J'ai froncé les sourcils, serré les dents, et les ai envoyées aussi fort que je pouvais à l'endroit de l'impact. Et là, rien !

Les barres rebondirent comme si j'avais la tête molle. Le cuir chevelu à moitié anesthésié, je me suis dit, inquiet, que je n'avais pas dû y aller assez fort. J'ai donc réessayé en donnant tout ce que j'avais, j'ai envoyé les quatre barres de toutes mes forces et en même temps, j'ai foncé avec ma tête contre le métal qui a explosé en morceaux !

La foule applaudit la prouesse, mais le choc fut tellement puissant que j'avais la sensation que mon crâne s'était ouvert. Avant que le sang coule devant tout le monde, j'ai salué rapidement et me suis vite retiré de la scène. Je me suis empressé d'aller derrière la pagode pour qu'on ne me voie pas et me suis passé la main sur la tête. Je l'ai regardée. Je n'y croyais pas, il n'y avait rien !

Je l'ai passée une seconde fois, et toujours pas de sang. Je pensais qu'il coulait à flots. J'ai alors compris : le choc était tel qu'il avait anesthésié les terminaisons nerveuses des tissus capillaires.

J'étais rassuré, je n'étais pas blessé. Des frères d'armes sont venus me féliciter, ils me tapèrent dans le dos tandis que d'autres, au loin, me tendirent le pouce de la victoire. Cette fois, j'avais vraiment gagné le respect !

Après cet événement, et au regard de la dangerosité de la surenchère, maître Shi Yanzhuang me conseilla de ne pas renouveler l'exploit. Il m'expliqua qu'un tel traumatisme répété trop souvent endommagerait les moelles cérébrales. Cette farce que mon maître a stoppée a fait de moi le seul Shaolin à s'être brisé quatre barres en fer sur la tête ! Par chance, les faits ont été filmés, archivant à jamais cette journée pendant laquelle j'ai dû, une fois de plus, dépasser mes limites !

Après la puissance dégagée des casses au bâton en bois et à la barre en fer, nous faisions place à la dextérité avec « l'aiguille traverse la vitre de verre ». Cette technique appartient à la classe des armes de jet, on y retrouve les dards, les petits poignards, les baguettes de bambou, les aiguilles en métal plus épaisses et plus lourdes comme celles du cordonnier.

Pendant que le performeur de cette technique se préparait sur scène avec des mouvements de *qi gong*, deux frères d'armes présentaient le matériel. L'un tenait une vitre de verre et l'autre un ballon de baudruche derrière la vitre. Le performeur, en position d'archer, visait avec l'aiguille, réglait la hauteur de son mouvement ainsi que la distance et répétait cela plusieurs fois. Puis, d'un mouvement extrêmement rapide et précis, il projetait l'aiguille qui transperçait instantanément la vitre sans la briser, laissant un trou avec des éclats et des fissures. De l'autre côté, le ballon de baudruche explosait. C'était extrêmement impressionnant.

J'ai essayé de nombreuses fois sans jamais y parvenir. Je me suis rendu compte de la grande difficulté de la performance, de sa dimension exceptionnelle et de la maîtrise qu'elle requiert.

Venait ensuite le *tongzi gong*, sorte de version chinoise du yoga indien alliant la respiration et la souplesse. Avec une profonde maîtrise, le corps est poussé au maximum de son élasticité avec des mouvements et des postures que l'esprit n'a jamais considérés comme possibles auparavant. Ces enchaînements peuvent durer entre cinq et dix minutes. La maîtrise de cette discipline est le fruit d'un long travail, et est hors de portée du commun des mortels.

Après le *qi gong*, les formes de combats à mains nues, avec armes, les casses de bois et de métal, l'aiguille qui traverse la vitre et l'extraordinaire *tongzi gong*, le bouquet final était le *wu xing quan*, les cinq animaux : le tigre, la grue, le léopard, le serpent et le dragon. C'est dans un état d'esprit festif comparable à celui du Nouvel An chinois que les moines guerriers passent tour à tour afin de mettre en avant les caractéristiques de chaque animal.

# 16.

Lorsque les démonstrations de kung-fu se sont arrêtées, le président supérieur du temple Shaolin, l'abbé Shi Yongxin, m'a convoqué pour une audience. Il est le treizième successeur responsable des mille cinq cents ans d'histoire du temple. Il a pris ses fonctions en 1999, à l'âge de trente-quatre ans, ce qui fait de lui l'un des plus jeunes abbés de Chine. Il a également joué un rôle très important dans la restauration du temple, car une partie du monastère a été détruite par un incendie en 1928, à l'époque des seigneurs de la guerre.

Shaolin étant une institution historique et nationale, Shi Yongxin est une personne très importante en Chine. Il est très sollicité, son temps est précieux, c'est pourquoi je me demandais si ma convocation était de bon augure ! Mais j'allais vite comprendre. En 2012, Shi Yongxin s'entretint avec des architectes ayant participé aux différentes campagnes de restauration du temple des années 1960 à aujourd'hui. Il souhaitait que deux groupes d'une dizaine de personnes apprennent avec les anciens bâtisseurs l'histoire bouddhiste, architecturale et culturelle à Shaolin. Ainsi, l'abbé Shi Yongxin m'a demandé de m'y joindre afin de me former pour que je puisse recevoir moi-même des délégations étrangères venant visiter le lieu. L'idée de transmission est très importante à Shaolin. J'allais être *yi wu jiang jie*, c'est-à-dire accompagnateur à but non lucratif.

Notre formation sur l'histoire et la culture du temple avec ces vieux architectes et bâtisseur fut passionnante. J'appris tous les aspects de la culture Shaolin, son kung-fu, son bouddhisme, sa médecine, son histoire, sa culture, son architecture. Nous étudions la signification des divinités surplombant les tuiles vernissées, la symbolique, les statues du temple ou le sens des stèles retraçant son histoire. La plus connue d'entre elles a mille trois cents ans. Elle est paraphée de la main du premier empereur de la dynastie Tang, qui fut la plus prospère de Chine, Li Shimin. Il témoigne sa gratitude à Shaolin pour l'avoir aidé à destituer un félon qui martyrisait le peuple. Li Shimin octroya des terres afin que le temple puisse subvenir à ses besoins agricoles. Il accorda également aux moines guerriers le droit de consommer de la viande et de l'alcool en dehors du temple. Cette histoire est connue sous le nom des « treize moines [qui] sauvèrent l'empereur ».

La tolérance des autres cultures était symbolisée sur la stèle voisine, *San Jiao Liu He*, souvent traduit par « trois familles en une ». Un personnage stylisé dans une forme circulaire symbolisant l'unité y est gravé depuis six ans. Le sommet de sa tête est rasé, symbolisant le bouddhisme avec les moines qui se tondent les cheveux lors de leur prise de vœux. Sur la partie gauche du visage, une moustache parfaitement taillée ainsi qu'une élégante toque font référence au confucianisme, courant philosophique et moral des lettrés. Enfin, sur la partie droite, avec sa simple coiffe maintenue par un ruban et une moustache sans artifices, le taoïsme prônant une existence basée sur le cycle naturel de la nature et de l'univers.

En Chine, les différents courants philosophiques et spirituels cohabitent avec tolérance depuis la nuit des temps. Être tolérant, c'est vivre ensemble, et vivre ensemble, c'est vivre en paix !

L'abbé Shi Yongxin imagina que je serais aussi un pont entre l'Orient et l'Occident afin de faire perdurer la culture Shaolin à mon retour en France.

Notre formation sur l'histoire et la culture du temple achevée, nous allions recevoir une carte officielle. À présent, il me fallait un nom bouddhiste, comme les novices et les moines reconnus par leur maître dans tous les monastères. Shi Yongxin m'a regardé quelques instants, a réfléchi, a souri, puis a dit : « Yan You ! » Traditionnellement, le nom bouddhiste est donné d'un maître à son disciple. En recevant ce nom, le grand abbé du temple Shaolin devenait donc mon maître et j'allais officiellement faire partie, dès cet instant, de la famille Shaolin. Shi Yan You devint mon nom, il est composé de trois particules aux significations très précises : *Shi*, provient de Bouddha Shakyamuni. Traduit en chinois par *shijiamoni*, *shi* signifie « le sage ». *Yan* est propre à Shaolin. L'abbé Fu Yu (1203-1275), qui forma la première génération de moines combattants, compila un texte calligraphié de soixante-dix idéogrammes. Le premier est « fu » et le trente-quatrième est « yan ». Cette particule signifie que je suis de la trente-quatrième génération historique de Shaolin. *You* fait référence à ma personnalité amicale. C'est la seconde partie du mot composé chinois *peng you*, qui veut dire « ami ». L'autre sens est que l'abbé Shi Yongxin me considérait comme l'ami venu de loin et destiné à être ce pont entre la culture chinoise et européenne.

C'était officiel, j'étais maintenant disciple de mon maître et abbé du temple Shaolin, Shi Yongxin. À partir de cet instant et muni de mon badge officiel, j'allais quotidiennement accompagner des visiteurs dans l'ensemble du monastère. Le tour durait environ une heure et demie. Je devais être capable de m'exprimer en chinois, anglais et français. Maître Shi Yongxin m'a laissé m'exercer pendant un mois avec les touristes de passage, puis m'a demandé de recevoir ses délégations personnelles. C'est ainsi que, par exemple, j'ai pu faire la connaissance de responsables de l'Unesco, du roi du Cambodge, Norodom Sihamoni, et de notre monument du cinéma français, Gérard Depardieu.

Un jour, l'abbé Shi Yongxin souhaita que j'accueille Gérard Depardieu, en vacances en Chine, et qui voulait visiter le monastère. Le matin, nous avons tous les trois longuement discuté. Gérard Depardieu m'a surpris, je n'avais jamais perçu sa finesse d'esprit et sa profondeur à travers les médias. Il aborda des questions existentielles et développa des raisonnements très sophistiqués sur la vie et la mort. Le midi, nous avons déjeuné au temple, poursuivant ainsi nos échanges passionnants. C'est un homme très agréable, perspicace et humble. L'après-midi, nous sommes allés discuter dans la grande bibliothèque du temple, un endroit fermé avec une température et une mesure de l'humidité précises afin de conserver des livres de plusieurs siècles. Nous avons découvert des ouvrages prestigieux, il était très curieux. Ensuite, il a voulu réaliser une calligraphie qu'il a offerte au temple en souvenir de son passage. Avant de partir, il me chuchota que Shaolin était le dernier endroit au monde où il s'attendait à rencontrer un Français !

# 17.

J'allais souvent à la grotte de Bodhidharma à pied ou en courant pour m'entraîner. Pour sortir du monastère, j'utilisais un passage derrière le mur d'enceinte uniquement connu des initiés. Je passais d'abord par la plateforme de Gan Lou Tai aux cèdres figés par le feu, puis traversais la plaine.

Ce jour-là, jour de printemps, les nuages glissaient sur la montagne, je sentais l'air chaud et humide sur ma peau, je transpirais. Les arbres étaient en fleurs, je respirais leur parfum enchanteur, d'innombrables couleurs ressortaient du vert de la végétation, il se dégageait de cette atmosphère un air enjôleur. En courant, j'observais, je savourais et en pleine conscience, m'en délectais.

Après avoir traversé la plaine, je suis arrivé à un étroit sentier bordé d'une épaisse et haute végétation. J'ai poursuivi mon chemin jusqu'au moment où il m'a semblé entendre un bruit. Je me suis arrêté et ai regardé autour de moi, mais les herbes à hauteur de poitrine m'empêchèrent de voir. Peut-être était-ce l'un de ces magnifiques faisans que je rencontrais parfois ? Quand j'en voyais un s'envoler, j'admirais le magnifique phénix au corps rouge qui, de ses ailes aux plumes d'or, s'élevait vers les cieux. Mais il n'en fut rien. Alors, un petit écureuil ou un lièvre sauvage ? Mais là, rien non plus…

Soudain, j'entendis courir dans ma direction, ce n'était pas un homme, le bruit était proche du sol. Je ne voyais toujours rien, mon cœur battait fort, j'angoissais, ce bruit n'était pas habituel ! Tout à coup, sur le sentier, face à moi, je vis apparaître un loup ! D'un noir profond aux nuances orangées, il a avancé jusqu'à moi avant de s'arrêter, j'étais pétrifié, ne sachant que faire, je suis resté figé !

Immobiles, face à face, nous nous observions. Il ne fallait pas que je lui tourne le dos, il risquerait d'attaquer et, pensé-je, si je me mettais à courir, il me rattraperait. Pour créer de la distance, j'ai lentement reculé en lui faisant face tandis qu'il me regardait fixement, les oreilles levées. Prudemment, j'ai continué à m'éloigner et, rien ne se passant, à moitié rassuré, je me suis progressivement mis à courir, mais il fit de même. Je me suis arrêté, il s'arrêta lui aussi, la langue pendante. Je l'entendais respirer, son souffle était fort et rapide, il paraissait fatigué. J'ai de nouveau repris mon chemin, calmement, mais je vis qu'il me suivait toujours.

Je finis par trouver amusant qu'il m'accompagne. Je me retournais régulièrement dans l'espoir qu'il me suive encore, je le regardais et lui parlais, il s'arrêtait, m'observait et m'écoutait. Arrivé devant les premiers escaliers de la montagne, j'ai pensé qu'il allait faire demi-tour, mais il m'a suivi et a grimpé. Les marches en pierre taillée datent du XVIᵉ siècle, elles sont instables et irrégulières, les gravir est exténuant et je fus étonné qu'il me suive encore.

Mais il existe une portion de marches, dans l'axe de la grotte, que je redoutais. Peu avant, pour entraîner la puissance de mes cuisses, j'avais gravi la montagne en sautant les marches deux à deux dans la position du cavalier. La portion en question est la plus raide et la plus difficile à gravir. Mes forces m'avaient abandonné. Exténué, essoufflé, je voyais les gouttes de sueur se briser sur les pierres centenaires. Mes jambes tremblaient et je n'arrivais plus à respirer. J'ai voulu faire une pause pour récupérer. C'est alors que j'ai entendu bouger dans les feuillages. Là, sur ma droite, je vis un long serpent noir avec des anneaux jaunes qui rampait vers moi. La frayeur m'a tétanisé une fraction de seconde, puis l'instinct a pris le relais et j'ai sprinté plus vite qu'un médaillé jusqu'au sommet. Arrivé en haut de la section, sous la poussée d'adrénaline, mon cœur battait si fort que je pouvais l'entendre, j'en tremblais jusqu'aux mains. La peur au ventre, j'ai vérifié que je n'avais pas été suivi par le reptile. Par crainte qu'il apparaisse, je suis resté immobile plusieurs minutes en espérant qu'il serait parti.

J'ai compris ce qui venait de se passer en reprenant mes esprits. Quand on se croit acculé, qu'on se pense au bout du bout des forces, dans une situation de vie ou de mort, des ressources insoupçonnées nous réactivent. Ce qui démontre qu'on peut toujours se dépasser !

Cette fois, le loup m'accompagnait et je me sentais un peu plus en sécurité. Nous avons franchi ensemble la portion tant redoutée, tout s'est bien passé.

Nous avons gravi la montagne jusqu'à la grotte de Bodhidharma. J'étais sidéré qu'il me suive jusque-là. Je suis allé me recueillir quelques instants et faire une offrande de trois encens tandis qu'il m'attendait, essoufflé. En empruntant un sentier de terre contournant des rochers, nous sommes arrivés au sommet de la montagne où trône une statue du premier patriarche dans une posture méditative, le regard portant en direction du monastère. Je respirais l'air pur. Le loup était là, assis, et nous contemplions à deux la beauté des monts embrumés avec la sensation que le temps s'était arrêté !

Le loup ne me quittait plus, de loin. Sur le retour, j'ai emprunté des chemins inconnus du grand public. Des passages où il fallait enjamber de grosses pierres et éviter les buissons épineux. C'était un peu plus dangereux, mais j'y retrouvais la beauté d'une nature qui n'avait pas été modifiée par la main de l'homme. Je regagnais ensuite les escaliers centenaires jusqu'au pied de la montagne. Je devais encore traverser la plaine fleurie, je poursuivais en savourant l'instant. Pendant ce long retour, je me retournais régulièrement pour voir s'il me suivait, je souriais de constater qu'il était derrière moi. Après avoir parcouru ensemble tout ce chemin, cela me faisait plaisir qu'il soit toujours là !

Arrivé à la porte du temple, j'ai senti qu'il hésitait à poursuivre, alors je lui ai fait signe, je l'ai encouragé, et il a franchi le pas. Il regardait tout autour de lui, découvrait un nouveau monde. L'odeur du charbon de la cuisine, les cris et le bruit des armes de la salle d'entraînement. Sentant, écoutant et observant, il avançait prudemment.

Il m'a accompagné jusqu'à ma chambre où je me suis arrêté pour lui parler. Là, une question me traversa l'esprit, devais-je m'exprimer en français ou en chinois ? Dans les deux cas, comprendrait-il ? Puisque nous sommes en Chine, j'ai choisi le chinois.

Je lui ai demandé de m'attendre le temps que j'aille lui chercher de l'eau dans ma chambre. Ce qu'il a fait. Je l'observais se désaltérer en souriant, je n'en revenais toujours pas, un loup sorti de nulle part m'avait accompagné jusqu'à la grotte de Bodhidharma et il était maintenant devant la porte de ma chambre en train de boire de l'eau dans mon bol à riz, incroyable !

J'avais soif moi aussi, j'ai alors laissé la porte ouverte pour ne pas couper le lien. J'ai démarré la cérémonie du thé et il est resté là, à mes côtés. Il s'est allongé sur les dalles de carrelage pour se rafraîchir et c'est ici que j'allais retrouver tous les jours celui qui allait devenir mon fidèle compagnon.

Chaque fois que je sortais de ma chambre, c'était un véritable bonheur ! Quand il me voyait arriver, il gémissait en se tordant de gauche à droite, puis se dressait sur ses deux pattes arrière et bondissait en ondulant. Il me faisait penser au dragon chinois sortant gracieusement de l'océan pour s'élever vers le ciel. C'est la raison pour laquelle j'ai décidé de l'appeler Hai Long qui signifie « dragon de l'océan ».

Où que j'aille, il m'accompagnait. À l'office du matin, il m'attendait devant le grand hall pendant que je récitais les *sutras*, au réfectoire, il n'était pas loin de l'entrée, il me suivait quand j'allais dans des endroits reculés de la montagne pour m'entraîner. Partout, Hai Long m'escortait.

Un jour, je suis allé rendre visite à mon maître, l'abbé Shi Yongxin. Puisqu'en Chine il est une personne importante, obtenir une entrevue avec lui implique certains protocoles. Il faut annoncer son arrivée devant le portique bien gardé, puis attendre devant une salle de réception que l'on vienne nous chercher. Ce matin, en arrivant devant le portique, on me dit que le loup ne pouvait pas m'accompagner. Naturellement, il m'accompagna ! Il passa d'un air innocent et ensemble, nous avons avancé sous les cerisiers jusqu'aux marches à notre droite. Le hasard a fait que, au moment où nous arrivions, l'abbé sortait de la salle de réception, nous nous sommes retrouvés face à face au milieu de la cour intérieure avec Hai Long !

L'abbé regarda le loup, sourit et m'interrogea sur sa présence. Après avoir entendu mon histoire, le maître s'exclama : « Yan You, you *foyuan* ! », ce qui signifie que j'ai une affinité avec la destinée bouddhique. Il m'expliqua que dans le bouddhisme, d'après le cycle de réincarnation, il était fort possible que nous ayons été amis dans une autre vie, et que c'était notre destin de nous retrouver dans celle-ci. Lui en loup, moi en humain, qu'il était mon ange gardien et c'était la raison pour laquelle il me suivait partout où j'allais.

Nous nous sommes regardés, Hai Long et moi, quelque chose se passait. À compter de ce jour, il ne sera plus un loup attachant mais mon fidèle compagnon, comme la plus sincère des âmes sœurs !

Avec Hai Long, nous avons passé deux années de notre vie à manger ensemble, marcher ensemble et dormir ensemble. Il est devenu mon meilleur ami. Tout le monde à Shaolin le connaissait. Et ceux qui me voyaient sans lui regardaient toujours autour d'eux avant de me demander pourquoi Hai Long n'était pas avec moi.

Un jour, je l'ai quitté pour rentrer France afin d'y passer les fêtes de fin d'année. À mon retour, il avait disparu, je l'ai cherché partout, j'ai interrogé les habitants de la région, en vain. Les semaines passaient, mon cœur s'alourdissait, était-il décédé ou simplement parti ? Je ne le saurai jamais…

# 18.

À Shaolin, un homme m'intriguait particulièrement ! Je l'observais à l'office du matin, il savait réciter par cœur la cinquantaine de pages de *sutras*. Au réfectoire, il remplissait toujours des Thermos qu'il mettait dans un sac. Il avait une allure particulière, paraissait en forme, très robuste, et son style vestimentaire se détachait des autres, il ressemblait à un guerrier ! Il portait une longue toge ocre attachée sur le côté droit qui recouvrait un pantalon noir, ample et léger, et des chaussures de kung-fu noires, usées et souvent terreuses. Il s'appelait Si Shan et quand je le cherchais dans le temple, je ne l'y trouvais pas.

On se croisait chaque matin aux offices où il m'expliquait comment utiliser le livre des *sutras*, et comme il me voyait progresser, il me félicitait d'un signe du pouce vers le haut ou de quelques mots quand l'office terminé nous nous dirigions vers le réfectoire.

Petit à petit, nous nous sommes rapprochés. Un jour, Si Shan me proposa de l'accompagner où il vivait. Nous avons traversé la plaine derrière le temple en direction de la grotte de Bodhidharma. Au détour d'un sentier inconnu, je me suis demandé où nous allions atterrir. Nous nous sommes enfoncés dans la forêt. Nous avons longé une montagne qui s'élevait à notre droite et, sur la gauche, une profonde cuvette où nous avons tourné. Il a fallu descendre un étroit sentier en terre, pentu et glissant, et ce fut un véritable voyage dans le temps !

Une maison moyenâgeuse ! Les murs en terre étaient jaunis par les ans, les tuiles chinoises noircies par le temps, je n'en revenais pas ! Nous nous sommes encore approchés et je vis une vieille porte en bois délabrée surmontée d'un ancien portique dont le simple fait qu'il tienne encore debout relevait du miracle. Si Shan décrocha le cadenas de la chaîne rouillée puis ouvrit la porte. Il fallait monter sur une dalle en pierre et enjamber la traditionnelle poutre en bois pour pénétrer dans une cour en terre rectangulaire délimitée par la montagne s'élevant vers le ciel. J'étais stupéfait.

Sur le côté gauche de la cour, je découvris la façade en terre de la maison. Elle comprenait deux petites fenêtres et deux vieilles portes en planches de bois. Si Shan se dirigea vers la première, décrocha le cadenas et ouvrit la porte qui grinça. Il se déchaussa, je fis de même, le sol était en terre brute recouvert de tapis. J'observais la pièce, les conditions dans lesquelles il vivait étaient incroyables !

À droite, son lit sur lequel étaient posées d'épaisses couettes. Les murs intérieurs étaient eux aussi en terre brute. Des bâches en plastique étaient accrochées sous la vieille charpente pour éviter que des débris ne lui tombent dessus pendant son sommeil.

L'été, il avait pour compagnie les scorpions et les serpents qui venaient se réfugier sous son lit pour se protéger de l'intense chaleur.

La deuxième pièce était utilisée pour cuisiner. Cette fois, le sol en terre n'était pas couvert, nul besoin donc de se déchausser. L'angle du mur était tombé et la toiture menaçait de s'effondrer. J'ai compris pourquoi il avait élu domicile à côté.

À l'entrée se trouvait un minuscule meuble sur lequel étaient posés deux bols, une paire de baguettes et un wok destiné à réchauffer la nourriture qu'il ramenait du temple. Au fond de la pièce, un lit superposé rouillé avec sur son sommier en planches vétustes, et de délicieux kakis sauvages dont l'orange vif et le parfum sucré contrastaient avec le sombre et l'humidité.

Il n'y avait pas de robinet, je lui ai donc demandé comment il faisait sans eau courante. Il m'a regardé, m'a souri, a pris deux seaux et me dit de le suivre. Nous sommes retournés jusqu'au chemin de la grotte de Bodhidharma. Des toilettes de fortune, dernier témoignage de civilisation avant l'ascension, étaient à la disposition des plus téméraires. Là, il y avait un robinet. Si Shan remplit les deux seaux à ras bord, les souleva avec une aisance déconcertante après quoi, nous avons remonté le chemin de terre. Arrivé devant la profonde cuvette, il posa les lourds seaux d'eau et récupéra un court instant avant de s'aventurer sur l'étroit sentier pentu. Si Shan descendit sans chuter et remonta d'un pas sûr, un seau dans chaque main. Il a réussi à franchir la cuvette en terre glissante sans renverser une seule goutte, j'étais impressionné !

On s'est dirigés vers la cuisine où il déversa le précieux liquide dans un gros fût en plastique rouge. L'eau était pour se rincer le visage et faire la vaisselle. Lorsqu'il faisait chaud l'été, Si Shan l'utilisait pour se doucher, nu, dans la cour extérieure. Dans de telles conditions, la valeur qu'on accorde à l'eau est très précieuse !

Je me suis aussi demandé comment il allumait l'ampoule qu'il avait bricolée dans sa chambre, rechargeait son téléphone et faisait fonctionner la plaque électrique sur laquelle était posé le wok, j'ai vite compris. Il avait repiqué un fil de plus d'une centaine de mètres sur le poteau électrique des toilettes publiques ! L'interminable fil survolait la cuvette en passant à travers la forêt. Mais comment avait-il pu réussir une telle prouesse ?

J'avais également remarqué qu'il avait un corps particulièrement musclé et robuste. Je lui ai alors demandé comment il s'entraînait et de qui il suivait l'enseignement. En réponse, il attrapa sous son lit un énorme haltère en pierre. Il était sculpté de motifs issus des fresques du temple représentant les anciens moines guerriers. Il le posa devant moi et avec un sourire me dit de le soulever. Il était vraiment très lourd ! À son tour, debout, les jambes légèrement écartées, une main sur la hanche, il se baissa et de l'autre main saisit l'haltère en pierre puis il se redressa et le souleva bras tendu au-dessus de la tête, il était vraiment très fort ! Il me montra ensuite comment dans la position du cavalier il le lançait en l'air devant lui pour le rattraper de l'autre main et recommencer.

Il avait également bricolé une barre de traction avec un bâton de kung-fu. Calé dans la vieille charpente de sa chambre, il se hissait avec une facilité déconcertante.

Dans la cour, il s'entraînait avec un sac de frappe troué et cuit par le soleil. Rien n'arrêtait Si Shan ! J'avais aussi remarqué une hallebarde ainsi qu'une *yue ya chan,* une pelle croissant de lune. J'ai voulu savoir qui était son maître et il m'a alors parlé de Cao Laoshi.

Le lendemain, avec Si Shan nous sommes allés à une leçon du vieux maître. Âgé de soixante-trois ans, Cao Laoshi enseignait les anciennes formes traditionnelles de Shaolin. J'observais, épaté, il avait voué toute sa vie à la pratique du kung-fu Shaolin. Sa condition physique était remarquable, l'âge n'avait nullement altéré son agilité. C'est ainsi que nous avons commencé à nous entraîner ensemble. Nous nous retrouvions le matin à la lueur des bougies récitant les *sutras* dans le hall ancestral puis nous partagions le petit déjeuner au réfectoire avant de digérer dans le placard qui fut ma chambre pour enfin retrouver Cao Laoshi.

Derrière le temple, dans les montagnes, ses leçons duraient entre deux et trois heures. L'après-midi, soit nous retrouvions de nouveau le professeur Cao Laoshi, soit nous nous entraînions à l'ermitage dans la montagne. J'aimais beaucoup l'atmosphère calme et apaisante de la maison en terre ! La végétation était verdoyante, les oiseaux chantaient et la cymbalisation des cigales de Chine me laissait rêver, les papillons dansaient avec légèreté et l'écureuil venait parfois nous visiter, c'était paradisiaque !

Un jour, Si Shan me dit avoir été contacté pour aller enseigner dans le sud de la Chine. Je fus triste d'apprendre son départ, je ne voulais pas perdre un tel ami ! Ne voulant pas que la maison en terre reste inhabitée, il m'a demandé si je voulais bien en prendre les clés pour l'occuper. Cela m'a beaucoup touché et, bien sûr, j'ai accepté. Les jours qui suivirent, quand je le voyais, je ressentais de la nostalgie et de la tristesse. Je savais que le chemin de vie que nous avions partagé allait bientôt se séparer. Je l'aidais pour quelques préparatifs et Cao Laoshi et moi avons filmé ce que nous avions appris ensemble afin de ne jamais l'oublier.

Tout ce qu'il possédait tenait dans une petite valise. C'était un homme libre qui ne s'encombrait de rien. Ça m'a fait comprendre que nous nous encombrons de tout un tas de choses qui nous entravent et que nos possessions nous enferment dans notre propre prison !

Juste avant son départ, Si Shan m'a demandé de lui raser la tête. À Shaolin, c'est très symbolique, cela signifie que l'on se coupe de sa vie et me demander de le faire était le témoignage qu'il me considérait comme un véritable ami ! Je suis ému quand je repense à cette dernière requête.

Je n'avais jamais rasé un crâne avec un rasoir auparavant, pas même le mien. J'avais peur de le couper, alors Si Shan me tendit le vieux rasoir et leva le ton ! C'était au printemps, nous étions dans la cour extérieure, il était torse nu et accroupi. Devant lui, au sol, une bassine d'eau froide. Je le rasais, peu sûr de moi pendant qu'il m'encourageait. Je me concentrais et m'appliquais à la tâche. Je voulais l'honorer, aller jusqu'au bout sans le couper et c'est ce que j'ai fait !

Quand j'eus fini, il s'est redressé et a pris un petit miroir. Il s'est regardé quelques instants, s'est passé la main sur la tête, l'a inspectée minutieusement puis a tourné les yeux vers moi. Il a posé la main sur mon épaule et m'a souri : « Tu vois que tu pouvais le faire ! »

Depuis ce jour, j'utilise moi aussi un rasoir pour me tondre les cheveux et quand je me trouve devant le miroir, il m'arrive encore de revoir mon vieil ami Si Shan.

Après son départ, il m'a fallu un temps d'adaptation. Sans lui, la maison en terre me parut silencieuse et inanimée. J'ai eu un indescriptible sentiment de vide.

Paradoxalement, me retrouver dans l'ermitage me fit du bien, en comparaison ma petite chambre dans le placard paraissait sombre et étouffante. Cependant, il fallut tout repenser, la distance qui me séparait du temple, les moyens de subsistance, la solitude, l'isolement, les conditions précaires. Coupé de presque tout, j'allais expérimenter un mode de vie inconnu et allais me rapprocher de la manière dont nos ancêtres menaient leur existence sur cette terre.

Il fallait revoir son accès. Le premier problème était l'étroit sentier de terre traversant la profonde cuvette. Les jours de pluie, c'était périlleux, j'étais d'ailleurs tombé de nombreuses fois dans la boue glissante J'ai passé une journée entière à creuser des marches avec une pelle. Le soir, j'étais plutôt fier de moi ! Le deuxième jour, j'ai façonné la montée. Mes mains étaient douloureuses et couvertes d'ampoules, mais peu importe, je voulais qu'avant la pénombre cette lourde tâche soit achevée. Avant la nuit, j'avais fini, j'avais réussi, j'avais gagné mon pari ! Je me suis amusé à faire des allers-retours, à monter et descendre les marches pour admirer le fruit de mon travail. Je me voyais le lendemain prendre ce qui fut un dangereux sentier glissant et qui était devenu le plus beau de tous les escaliers ! Chaque fois que je l'ai emprunté, je l'admirais et me sentais fier de ce qui n'était pour d'autres que de simples marches en terre.

Puis ce fut au tour de la cour, je voulais m'entraîner jusque tard dans la nuit. J'avais remarqué une douille accrochée à l'extérieur, à côté de la porte de la chambre. J'y ai fixé une ampoule. Ensuite, j'ai nettoyé les feuilles mortes, le tas de tuiles et les différents déchets qui l'encombraient. La cour propre et aplanie, je me suis occupé de l'intérieur.

Dans la première pièce qui faisait office de chambre, j'ai installé un simple bureau et une chaise pour pouvoir continuer à améliorer mon chinois, parlé et écrit. Ce fut une promenade à côté de ce qui m'attendait avec la deuxième pièce où je décidais de paver le sol en terre pour me protéger de l'humidité qui en remontait.

Près du temple, j'avais remarqué un tas de briques abandonnées que j'allais utiliser pour ce nouveau défi. Devant moi se dessinaient cinq jours d'un dur labeur. Je remplissais un énorme sac à dos, si lourd qu'il était alors impossible à soulever. Assis au sol pour passer mes bras dans les bretelles, je poussais tant bien que mal sur les cuisses pour me redresser. Je n'avais jamais porté aussi lourd et me demande encore aujourd'hui comment j'ai bien pu y arriver. J'empruntais ensuite lentement le chemin de montagne qui me menait jusqu'aux marches en terre que j'avais si fièrement creusées.

À l'escalier, le lourd sac sur les épaules et les jambes fatiguées, j'avais l'équilibre précaire. Je l'ai descendu en me tenant aux arbres pour ne pas chuter. Au fond de la cuvette, j'ai pris quelques instants pour récupérer, mais pas trop, mes jambes tremblaient et je ne sentais déjà plus mes épaules. J'ai considéré la situation comme un entraînement destiné à renforcer la puissance de mes cuisses. Ainsi, j'ai trouvé le courage de monter la première marche, jusqu'à la dernière. Mais il m'a fallu une nouvelle pause pour souffler quelques instants avant de me diriger vers le portique, de l'enjamber et d'arriver enfin à la deuxième pièce. Là, j'ai posé le sac comme j'ai pu pour en sortir les briques. J'ai répété ce voyage un nombre incalculable de fois, et ça a été immensément éprouvant.

Aller aux toilettes était aussi une aventure ! Il fallait d'abord avoir le courage de sortir du lit. Quand on vit dans les montagnes, la nuit, les températures peuvent descendre très bas et, avec la porte en bois, j'avais vraiment très froid. J'enfilais mes habits en grelottant, puis avant de me chausser, je vérifiais que je n'avais pas eu la visite d'intrus venimeux qui auraient pu me piquer. En plus des scorpions et des serpents, il y avait d'énormes araignées dont le corps noir avec des points rouges, et des reflets vert vif provoquaient un sursaut instinctif à chacune de nos rencontres. J'ouvrais ensuite les cadenas, celui de la chambre et celui de la cour. Dans la pénombre de la forêt et muni d'une torche, je passais sous le portique avant de me diriger vers le bord de la profonde cuvette. Deux briques rouges étaient posées sur le sol. Je montais prudemment dessus et tournais le dos avant de m'accroupir au-dessus du vide. Une lampe à la main, je ne me sentais pas rassuré. Les jours orageux, l'exercice devenait encore plus périlleux quand, de l'autre main, je tenais le parapluie.

Mais maintenant que l'ermitage était accessible et qu'il incluait les commodités de base, mon quotidien allait être différent. Après être sorti du lit à quatre heures et demie, m'être habillé et avoir fait ma toilette, je me rendais au temple dans le noir. Éclairé de ma torche, je franchissais d'abord les marches en terre de la cuvette. Couvert par les arbres, je ne voyais absolument rien. Arrivé au chemin de la grotte de Bodhidharma, je prenais la direction du temple avec, à ma gauche, la forêt, et sur ma droite, un vaste champ. Les jours de pleine lune, mon ombre se projetait sur les larges pierres du sol. J'observais le ciel, les étoiles et j'étais fasciné par les nuances de la Voie lactée. J'entendais parfois des bruits dans le feuillage, voyais traverser un énorme mille-pattes ou d'autres gros insectes.

Au début, c'était effrayant. Jusqu'à ce que je comprenne quel animal faisait quel bruit et que si je ne les dérangeais ni ne les surprenais, tout se passait générale-ment bien. On finit même par se sentir chez soi quand on reconnaît à l'oreille qui fait quoi. Lorsqu'on atteint ce niveau de connaissance de la nature environnante, on rit de soi en repensant aux fois où on a eu si peur pour si peu. C'est bien l'ignorance qui est à l'origine de nos frayeurs ! Je finis par n'avoir plus peur de rien et me sentais robuste et fort comme nos ancêtres guerriers venus de ces lointains temps passés !

Au temple, passer par la porte d'entrée me faisait faire un trop grand détour. Je sautais alors le mur d'enceinte de la section des moines guerriers et me dirigeais ensuite vers la salle du Grand Trésor puissant en pensant à mon vieil ami avec son allure vigoureuse et infatigable, ses chaussures usées et pleines de terre qui m'aidait à comprendre les *sutras*.

Après l'office, et avant de déjeuner, tous les moines récitent le *sutra* destiné à témoigner sa gratitude d'avoir accès à la nourriture. Tout prenait son sens pour moi qui vivait maintenant dans les montagnes reculées, et où se sustenter devenait une difficulté. Je me délectais donc en pleine conscience des soupes de riz accompagnée de pain vapeur et de légumes. Et après le parcours du combattant de l'ermitage au temple et l'office dans le grand hall si froid que je ne sentais plus mes pieds, je me délectais encore plus de ce simple et frugal petit déjeuner comme d'un grand repas délicieux !

Je n'avais maintenant qu'une hâte, celle de retrouver le professeur Cao Laoshi. Avec lui, j'étudiai d'autres facettes de Shaolin, j'accédais à d'autres points de vue, qui s'ajoutaient aux enseignements de mon maître Shi Yanzhuang, ce qui me permettait de mieux comprendre cet art millénaire. Il nous initiait à l'application en combat des mouvements des *taolus*. Une fois, il nous expliqua un mouvement de projection en me portant sur ses épaules. Il avait soixante-trois ans, mesurait un mètre soixante pour une soixantaine de kilos. Je l'admirais et m'étais fait la promesse d'avoir ses compétences physiques à son âge.

Nous restions assis des heures à l'écouter, il nous contait l'histoire de Shaolin, de ses illustres représentants, le sens des mots des enchaînements contenus dans les *taolus*, le nom des montagnes avec les anecdotes qui s'y rapportent, etc. Il était passionnant. Ces années d'apprentissage avec Cao Laoshi resteront éternellement gravées dans ma mémoire !

Le midi, après tous ces efforts et depuis si tôt le matin, j'avais très faim ! Je me servais abondamment de riz, de légumes, de brioches farcies… tout y passait !

L'après-midi, quand le professeur Cao Laoshi était occupé, je remplissais comme Si Shan deux Thermos, un de riz et de brioches farcies, l'autre de légumes, et j'allais m'isoler. Les périodes où je prévoyais assez de nourriture pour ne pas descendre au temple pendant plusieurs jours et vivre seul dans la montagne, je me sentais en harmonie avec moi-même, c'était merveilleux ! La vie d'ermite est à mi-chemin entre le bien-être de la contemplation et la rudesse des corvées quotidiennes.

Le matin au réveil, en ouvrant la porte, je voyais un petit écureuil. Il ramassait les fruits tombés des arbres pendant la nuit. J'admirais la grâce et l'agilité de ses mouvements. On s'observait mutuellement, il était mon copain de l'entrevue du matin. Je le rejoignais dans la cour et levais les yeux vers le ciel. Je contemplais devant moi le flanc de montagne où le fondateur du bouddhisme *mahayana* vécut en ermitage durant neuf années. Je vivais face à la légendaire grotte de Bodhidharma, et c'était absolument incroyable !

La montagne verdoyante s'élançait vers le bleu du ciel. Je pouvais y voir l'escalier plusieurs fois centenaire menant au portique en pierre du XVI$^e$ siècle. J'étais conscient de mon rare privilège et je joignais les deux mains en souriant au ciel avec gratitude.

Puisque je me sentais si bien, je retournais dans la chambre, la porte ouverte afin de laisser pénétrer la lumière du soleil et d'inviter Sa Majesté à m'apporter un peu de sa divine clarté. Je m'asseyais sur le lit, les jambes croisées, une couette sur les épaules qui me recouvrait jusqu'aux genoux, et entrais dans un état méditatif. Les yeux fermés, je sentais l'air pur de la montagne, le parfum des arbres et des fleurs qu'il avait caressés, j'entendais les mélodies harmonieuses des oiseaux, le souffle du vent dans les feuilles des arbres, leurs branches dansaient avec calme et légèreté, je n'avais plus conscience du moi, je ne sentais plus mon corps, aucune pensée ne traversait mon esprit, j'étais la nature, je retrouvais ma vraie nature !

Je ressentais un état de vacuité encore plus profond qu'à la sortie de l'office du matin. Calme physiquement, l'esprit clairvoyant, la compréhension sans la mentalisation, l'instant était propice à l'assimilation. Muni de mon *Shu jing,* ou livre des *sutras,* de mes deux instruments – le poisson en bois, *mo yu,* et la petite cloche, *yi qing –*, je répétais la cinquantaine de pages compilant l'ensemble du savoir récité le matin. Leur rythme tantôt rapide, tantôt calme et musical me transportait. Dans les temps passés, la transmission était essentiellement orale, rythmer les connaissances permettait leur mémorisation. C'est d'ailleurs grâce à cette méthode que de nombreuses connaissances ont pu se perpétuer alors que les livres étaient brûlés sous la pression de l'histoire. Quand je posais des questions à mon maître sur le sens de certains passages, ses réponses pouvaient me bouleverser plusieurs jours. Avec lui, j'ai compris combien les connaissances permettent d'atteindre la compréhension. Les ouvrages contiennent l'information, les maîtres transmettent leur compréhension !

Je m'élevais intérieurement depuis un long moment, et ressentais maintenant le besoin de développer mon potentiel physique. Ça tombait bien, car sans le confort du monde moderne, nombreuses étaient les tâches à accomplir pour subsister. Stocker l'eau est la première et la plus importante. Comme mon ami Si Shan, muni de seaux, je me rendais au point d'eau chercher le précieux liquide. C'était si beau, les rayons du soleil traversaient les branches laissant passer des faisceaux d'or, la cuvette était parsemée de ciboulette sauvage dont je humais le délicieux parfum, l'orange vif des kakis sauvages sur les vieux arbres se démarquait du vert feuillage, les cigales de Chine cymbalaient leur air enjôleur, tous ces oiseaux aux mélodies enchanteresses… Je baignais dans un monde qui n'était pas imaginaire. Nul besoin de chercher plus loin, le paradis est bien sur terre !

La poésie du jardin d'Éden s'enfuyait une fois arrivé aux fameuses toilettes publiques. Les seaux pleins, une anse dans chaque main, combien il était difficile de me redresser tant les charges étaient lourdes ! Je pensais à toutes les personnes dans le monde vivant quotidiennement la même épreuve ! Je remontais le chemin caillouteux puis, essoufflé, posais les seaux face à un obstacle de taille, l'escalier que j'avais si fièrement sculpté. Après avoir un peu récupéré, je gravissais une à une les marches en terre. Mes cuisses tremblaient et avaient du mal à nous soutenir, moi et les deux seaux. Contrairement à Si Shan, je renversais beaucoup d'eau, et lorsque j'arrivais au sommet, j'étais épuisé. Mais il fallait encore rejoindre l'ermitage, franchir le portique, traverser la cour, me rendre dans la cuisine et enfin verser l'eau dans le fût destiné à stocker et choyer le précieux trésor si ardemment mérité.

Je ne sentais plus ni mes mains ni mes jambes. Pour reprendre des forces, j'allumais la petite plaque chauffante et remplissais le wok d'un peu de légumes du temple. Et comme j'avais remarqué des trous de la taille de mon doigt dans le mur en terre et qu'il s'agissait de nids creusés par les guêpes pour y pondre leurs larves, je prenais un tabouret et allais m'asseoir au milieu de la cour lorsque les légumes étaient prêts pour ne pas me faire piquer. Le bol dans une main, les baguettes dans l'autre, je me restaurais seul en contemplant la beauté du monde !

Je passais des jours sans aucune relation avec les hommes, uniquement avec la nature qui nourrissait mon bien-être intérieur. Je me sentais en harmonie, les oiseaux, les écureuils et les papillons étaient mes amis. Ce fut une des périodes où je me suis senti le mieux dans ma vie.

Je ne le savais pas encore, mais je devenais un ermite.

Le corps et l'esprit étant indissociables, l'après-midi, je perfectionnais mon kung-fu, parfois avec armes, d'autres fois à mains nues, ou encore avec le sac de frappe de mon vieil ami. Je recommençais tous les jours, inlassablement, encore et encore. Maître Shi Yanzhuang m'avait appris que la perfection n'est abordable que par la répétition !

Le soir, le repas était de nouveau frugal, et je mangeais peu afin de prolonger la nourriture sur plusieurs jours. Et j'économisais l'eau de la vaisselle. Elle était si difficilement accessible qu'elle en était devenue très précieuse !

Avec cette vie d'ascète, une question finit par se poser : puisque tout ce que mon ami guerrier Si Shan savait faire, j'en étais maintenant moi aussi capable, étais-je devenu lui ou bien savais-je seulement faire comme lui ? Aujourd'hui, l'expérience m'a fait comprendre qu'en nous vit une part des personnes qui ont le plus influencé notre personnalité !

Le soir, je me retrouvais dans le noir du monde dit « sauvage », tout était calme, sans la pollution visuelle ou auditive de la civilisation. Dehors, j'admirais la splendeur céleste. Les nuances teintées de sa toile de fond étaient illuminées de plus d'astres que ne peut en concevoir la raison. Nous sommes si petits dans ce si vaste univers !

C'est ainsi que j'ai vécu une partie de ma vie, dans un des microcosmes de notre mère la Terre. En harmonie avec les espèces du vivant où chacun a sa place tant qu'on n'empiète pas sur celle de l'autre. Là où rien ne s'obtient sans aller le chercher soi-même, et où on ne peut persister qu'avec la frugalité. Je me suis délecté de la vie d'ermite en me retirant du monde comme l'ont fait tous les sages depuis le fond des âges.

Pour se trouver soi-même, il faut d'abord se retrouver avec soi-même !

# 19.

Une de mes expériences les plus belles et les plus mémorables remonte au jour où j'ai été contacté pour participer à un événement qui allait se dérouler à Pékin. Au préalable, et sans avoir plus de détails, je devais participer à une sorte de casting. Cela se passait dans une école de kung-fu qui coopérait avec le temple pour certaines démonstrations. Elle accueillait dix mille élèves dans plusieurs bâtiments avec de nombreux étages, des dortoirs, des réfectoires, une gigantesque cour extérieure d'entraînement et enfin un énorme gymnase.

Là, nous étions une trentaine d'étrangers réunis sous l'œil de caméras disposées un peu partout. De différentes nationalités, ils faisaient un stage dans cette école pour trois ou six mois, un an ou trois ans. La plupart restaient entre eux, parlaient l'anglais et ne comprenaient donc pas la culture chinoise dans laquelle les arts martiaux puisent leurs racines. De mon côté, d'avoir vécu uniquement avec mes amis chinois depuis tant de temps, je ne me retrouvais plus dans l'esprit occidental.

Pour les auditions, nous devions nous présenter et faire une démonstration d'arts martiaux. En observant les autres participants, j'ai vite constaté la différence de niveau entre eux et moi et ai tout de suite compris que nous n'étions pas là pour les mêmes raisons ! La plupart apprenaient le kung-fu pour se divertir, comme un loisir. En ce qui me concerne, c'était ma raison d'être. Je le vivais, je le mangeais, je le dormais, je le respirais, je me voyais être un moine guerrier de Shaolin, pas un touriste !

La différence sauta également aux yeux des sélectionneurs et, au bout d'une semaine d'essais, je fis partie de la dizaine retenue pour cet événement dont j'ignorais toujours tout. Nous sommes partis pour Pékin.

Pékin avait majestueusement organisé les Jeux olympiques quelques années auparavant et l'événement avait lieu à proximité des principaux sites, d'abord, le magnifique Nid d'Oiseau, le stade olympique où la légende de l'athlétisme, Usain Bolt, avait battu deux records du monde sur cent et deux cents mètres. Ensuite, le Water Cube, ce monumental complexe sportif aquatique, qui avait accueilli dix-sept mille personnes venues assister à vingt-cinq records du monde et soixante-cinq records olympiques battus ou égalés. Le Cube abritait plusieurs piscines, un parc aquatique intérieur de plusieurs étages, des toboggans en tous genres, des restaurants et des magasins. Tout cela, je le découvris, et le gigantisme et la vie trépidante de la capitale contrastaient avec celle, traditionnelle et calme, du temple.

Afin de répéter pour l'événement qui demeurait toujours aussi confidentiel, nous avons été rejoints par un autre groupe d'une dizaine de personnes venant de Wudang. En France, la conception du *yin* et du *yang* les considère à tort comme un principe d'opposition. Or, le sens originel du *yin* et du *yang* est taoïste, et son principe est celui de la complémentarité, de l'interdépendance. L'un ne peut exister sans l'autre, il ne peut y avoir le proche sans le lointain, le haut sans le bas. Dans la culture chinoise, Shaolin représente le *yang*, dur, puissant, rapide, Wudang, le *yin*, flexible, souple et calme. Dans le principe d'équilibre, il y a une part de *yang* dans le *yin* et une part de *yin* dans le *yang*. C'est pour ce principe d'équilibre que Shaolin et Wudang se réunissaient pour le spectacle.

Nous allions bientôt apprendre que la démonstration était destinée à accompagner Jackie Chan ! Nous fûmes tout excités par l'enjeu et la perspective d'une telle collaboration.

Nous allions nous produire devant des milliers de personnes, dans une salle immense où la scène se prolongeait aux quatre coins par des plates-formes et une estrade centrale sur le devant. C'est là que je me trouvais au début de la représentation et ce fut pour moi un véritable honneur !

Ce fut superbe ! La salle était plongée dans le noir, et la lumière s'éleva progressivement telle l'aube du matin. Sur un air de flûte chinoise, le public nous découvrit pratiquant calmement des exercices de santé matinaux quand, soudain, un gros coup de tambour accéléra le rythme et nos mouvements devinrent rapides et puissants. L'air s'enrichit du guzheng, une cithare traditionnelle chinoise à vingt et une cordes dont l'histoire remonte à plus de deux mille ans. Son dynamisme renvoie une impression d'énergie. À ce moment, je pratiquais le *luohan quan*, la boxe des *arhats*. La mélodie s'enrichit, la musique se modernisa, puis le moment tant attendu est enfin arrivé…

Jackie Chan fit son entrée sous les cris du public ! Nous l'avons rejoint au centre de la scène avec, alignés, une démonstration de *qi xing quan*, la « boxe des sept étoiles » dont les déplacements synchronisés rappellent les astres de la Grande Ourse et qui a l'avantage d'occuper tout l'espace. Jackie Chan nous corrigeait, tel le maître enseignant à ses disciples.

Ce fut un véritable bonheur de me retrouver avec l'acteur que j'avais admiré dans ses films qui avaient nourri mon rêve d'aller vivre en Chine pour y perfectionner mon kung-fu ! Ce rêve devenait réalité ! J'étais dans le berceau des arts martiaux avec celui qui avait joué dans *Opération Dragon* avec Bruce Lee !

En Occident, beaucoup ignorent que Jackie Chan est aussi un chanteur talentueux et reconnu depuis des décennies en Asie. Il se mit donc à chanter, tandis qu'un groupe se surpassait avec les armes dans le style fluide de Wudang. Nous les avons rejoints avec les nôtres, moi en avant avec ma lance qui était l'arme la plus longue et la plus visible.

Le ton changea, des danseuses de niveau national, vêtues de longues tenues rouges, se répartirent sur scène avant de s'immobiliser dans une posture souple et gracieuse. Jackie Chan fit alors la démonstration que nous attendions tous ! Là, devant nous, il pratiqua enfin le kung-fu ! C'était complètement fou de partager la même scène que cette légende !

Ensuite, la musique s'allégea de nouveau, ralentit, et Jackie Chan reprit le micro pour partager avec les spectateurs les adages subtils et vertueux de la culture traditionnelle chinoise, avant de rechanter. Sur la scène, nous exécutions une chorégraphie parfaitement synchronisée. Nous avons fini avec des mouvements du style Wudang, ce qui fluidifia la transition vers la fin et nous permit de nous rassembler autour de notre acteur star.

Sur la dernière note, notre posture finale conclut la cérémonie. J'étais seul à côté de Jackie Chan, un moment unique immortalisé par la presse avec un magnifique cliché pour ma postérité !

Après le spectacle, j'ai demandé à rencontrer Jackie Chan dans sa loge privée. Je voulais vraiment lui exprimer ma gratitude et lui dire mon admiration. Face à lui, comblé, j'ai aussitôt joint les deux mains et me suis incliné en disant : « *Long ge hao* », ce qui signifie : « Bonjour grand frère Long », son nom de scène chinois étant Cheng Long.

Il m'a souri, a passé son bras autour de mon cou et a posé avec douceur sa main sur mon épaule. Son collaborateur a immortalisé cette rencontre plus intime avec mon appareil photo. Je l'ai remercié, j'étais ému. Il m'avait tellement inspiré que je ne trouvais pas les mots, aussi je restais silencieux. Mes yeux ont fait le reste.

Cette photo est accrochée à côté d'autres célébrités avec lesquelles j'ai partagé des moments forts. Parfois, je les observe et me remémore le chemin parcouru. Je sais qu'il est possible de concrétiser ses aspirations, et que la seule manière de réaliser ses rêves est de s'impliquer pleinement et obstinément sans jamais abandonner au fil des ans !

# 20.

L'abbé Shi Yongxin et maître Shi Yanzhuang voulaient me confier l'ouverture d'un centre Shaolin en France, et ainsi faire de moi un pont entre l'Orient et l'Occident. Après toutes ces années, ils considéraient que j'étais prêt pour transmettre cet héritage et me relançaient régulièrement à ce propos. Bien que flatté par une telle considération, je voyais les choses autrement. Je tenais à rester en Chine, je ne me projetais plus en France. J'étais absorbé par la culture traditionnelle chinoise, comme la cérémonie du thé, la calligraphie, une alimentation quotidienne axée plus sur les vertus thérapeutiques que sur le plaisir gustatif. C'est un beau et grand pays en pleine mutation, doté d'une magnifique diversité géographique : montagnes, steppes, plaines fertiles, déserts, plateaux vallonnés et massifs… Il me restait tant à découvrir.

Je suis allé explorer Chongqing, située en Chine intérieure. En pleine expansion, c'est l'une des plus grandes villes du pays, d'une surface comparable à l'Autriche et dont la population représente la moitié de celle de la France. Elle est l'une des plus modernes, des plus grandes et des plus impressionnantes que j'aie jamais vues. Je devais y retrouver Long Zhao, avec qui j'ai un lien indéfectible puisque j'ai été ordonné moine avec lui. Il vivait au grand temple de Chongqing.

Au monastère, je fus attiré par un bassin naturel d'une eau calme et paisible où quelques fleurs de lotus pourpres étaient écloses. Dans le bouddhisme, l'évolution du lotus est une métaphore du voyage spirituel de l'être humain. La graine de lotus prend vie dans la tourbe qui est un environnement obscur, un peu comme notre esprit étriqué par l'ignorance au début de notre vie. Le bourgeon refermé sur lui-même se fraie un passage jusqu'à se dresser avec droiture au-dessus de l'eau et s'épanouir à la lumière du soleil. Il en est de même pour nous, on peut se nourrir de nos conditions de vie difficiles comme source de motivation, et s'élever pour arriver où nos rêves peuvent nous guider !

À l'entrée d'une cour fleurie, j'ai été accueilli par un bouddha haut de plusieurs mètres et doré à l'or fin. Les salles sacrées étaient dans leurs matériaux d'époque. Les hauts piliers soutenant les charpentes aux toitures courbées et les écriteaux sculptés de calligraphie surmontant les entrées étaient vieux de plusieurs siècles.

Cette visite faite, Long Zhao m'a invité à partager la cérémonie du thé dans sa chambre, où se trouvait un magnifique aquarium. Long Zhao m'expliqua qu'en feng shui l'eau permet d'être coupé des fréquences extérieures quand, l'été, la porte reste ouverte. Il y avait aussi des toilettes et une douche, ce qui était le luxe dont je rêvais depuis plusieurs années à Shaolin !

Le thé bu, nous avons visité les sculptures rupestres de Dazu. Le site aux mille quatre cents printemps, inscrit sur la liste du patrimoine mondial de l'Unesco, est riche en œuvres dont les plus anciennes datent de 650 de notre ère. Comme à Shaolin avec la stèle *San jiao liu he*, à Dazu, les trois cultures chinoises, bouddhisme, taoïsme et confucianisme, sont sculptées à même la roche.

Ce site m'a marqué. Une allée verdoyante bordée de fleurs, d'arbres et de bambous menait à une profonde dépression, de forme ovale et bordée de parois rocheuses, dans laquelle j'allais m'immerger et ainsi plonger dans un univers d'un autre temps, celui des anciennes dynasties chinoises. Deux divinités étaient assises côte à côte sur des animaux légendaires, l'une, taoïste avec une longue barbe, et l'autre, bouddhiste. Le message est passé, ces lieux sont bien ceux de la tolérance et de la mixité ! Sur les parois se succédaient de nombreuses œuvres d'art. Un haut buste de Bouddha, dont ma tête arrivait tout juste au menton, précédait l'entrée d'une grotte où siégeaient, sur fond de fresques en relief et colorées, des divinités habillées d'élégants drapés de soie plissés et couvertes de bijoux… Venues du fond des âges, les sensations sont difficilement descriptibles !

À l'extérieur, des fresques murales se lisaient comme un livre ouvert. Un homme jouant de la flûte, un paysan travaillant aux champs avec son buffle, des amis accolés en train de rire… cette succession de scènes nous laissait deviner la vie quotidienne de nos ancêtres aux siècles passés. Toutefois, la montagne étant inconstante, la hauteur des personnages variait de trois à sept mètres. Place ensuite à un dieu des Enfers qui nous rappelle d'être attentif à notre comportement lors de notre passage sur terre. Puis de grandes divinités bouddhistes, debout, présentaient dans leurs mains les symboles de la connaissance qui nous guide vers la sagesse.

Au creux de la dépression, un fin cours d'eau longeait une statue de Bouddha allongé pour symboliser l'extinction. Un dicton dit que « l'eau d'une rivière ne passe pas deux fois au même endroit », chaque instant est unique, la vie passe vite, il est important de s'ancrer dans l'instant présent, sans quoi on peut passer sa vie à côté de sa vie !

Suivaient des fresques sculptées en relief et colorées ayant pour thèmes le confucianisme et le taoïsme. Des divinités, des personnages royaux ou de petites gens y contaient l'histoire et les mythes légendaires de ces deux cultures. À Dazu, nos ancêtres nous ont légué un témoignage intemporel de leur vision du monde.

Le bon état de conservation des couleurs a particulièrement retenu mon attention. Le bleu de Chine, le rouge de cinabre et le turquoise d'Iran, autrefois bouddhiste, magnifiaient les fresques et les personnages. Un millier d'années n'avaient pas altéré le savoir-faire des générations passées et les teintes restaient à certains endroits encore vives et éclatantes !

Cette dernière année à Shaolin m'a aussi amené au Shandan, une destination particulièrement inoubliable. Dans cette partie de la province du Gansu, qui se situe au nord de la Chine, sur l'ancienne route de la soie, entre le plateau tibétain, le désert de Gobi et la Mongolie, il existe un petit temple construit dans les hauteurs montagneuses. À l'occasion d'une fête bouddhiste, nous sommes allés avec cinq frères d'armes y faire une démonstration.

À l'entrée, j'y ai retrouvé à droite la traditionnelle tour de la Cloche et à gauche, la tour du Tambour. En Chine, depuis des temps immémoriaux, le lever du jour est annoncé par les vibrations de la cloche et le coucher du soleil, par le grondement du tambour. Une cour bordée de salles symétriques donnait sur la salle du Grand Trésor puissant commune à tous les temples chinois. Les halls étaient peints de fresques murales richement colorées décrivant des scènes de la vie de Siddhartha Gautama, souverain des Sakyas devenu celui que l'on nomme le « Bouddha ».

J'ai pu admirer des scènes aux noms évocateurs tels que les « Sept fleurs de lotus émergent sous les sept premiers pas », qui symbolisent un esprit éveillé dès la naissance, « Couper les liens avec sa vie passée en se tondant les cheveux », « La mortification, les extrêmes ne sont pas la solution » ou le « Bouddha allongé », qui symbolise son extinction apaisée : c'est parce qu'il y a commencement qu'il y a fin. Les fresques transmettent l'histoire et les légendes, patrimoine immatériel de l'humanité.

Bercé par la sagesse du bouddhisme et l'atmosphère embrumée des lieux, j'ai eu envie de découvrir l'environnement idyllique de ce temple. Un sentier descendait à flanc de montagne, je m'y suis aventuré. À couvert, je pouvais voir le ciel bleu à travers les résineux. Au fur et à mesure que j'avançais, j'entendais le bruit de l'eau qui s'écoule, cela attisa ma curiosité. En bas du sentier, une rivière était longée par deux hautes et longues montagnes qui plongeaient symétriquement dans son lit. Les montagnes étaient vivantes de conifères verdoyants, le cours d'eau scintillait de mille reflets étincelants des rayons du soleil. C'était un paradis sur terre, isolé du monde, dans un lieu inconnu, j'étais époustouflé !

J'ai ensuite suivi la rive jusqu'à une passerelle accolée à flanc de montagne. D'énormes caractères calligraphiés étaient gravés à même la roche. En m'avançant, je compris, la passerelle aboutissait à un pont suspendu enjambant la rivière. De l'autre côté, il était prolongé par un sentier pavé de pierres sur lequel j'ai marché un moment, tout en contemplant ce lieu idyllique, jusqu'à ce que j'aperçoive des empreintes d'animaux sauvages. Elles me paraissaient bien grosses et j'ai pris peur. S'il m'arrivait quelque chose, comment pourrait-on me retrouver au milieu de nulle part ?! J'ai essayé de ne pas céder à la panique, me suis dépêché de faire demi-tour et ai de nouveau traversé le pont suspendu avant de remonter la montagne pour me rapprocher du temple.

À proximité du monastère, plutôt que de m'y rendre directement, j'ai tourné à un croisement que j'avais repéré en descendant. Après quelques minutes de marche, je suis arrivé au sommet d'une crête verdoyante. Là, s'étendait à perte de vue l'aridité du vaste désert de Gobi. Le contraste entre la forêt et le sable était déconcertant ! Je suis resté figé un long moment à contempler l'immensité du monde.

Rentré au temple, j'ai raconté à mes compagnons la beauté des lieux et les traces d'animaux sauvages. L'abbé m'expliqua qu'ici vivaient des ours et que c'étaient bien leurs empreintes que j'avais vues. En imaginant ce qui aurait pu se passer si j'en avais rencontré un, je fus estomaqué ! Mais cela n'a en rien effrayé mes frères d'armes qui, vêtus de leurs plus beaux habits et munis d'un appareil photo, se sont empressés d'aller figer dans le temps, le jardin d'Éden en toile de fond, des postures de kung-fu Shaolin. À flanc de montagne, sur les passerelles ou sur les rochers au milieu de la rivière, nous avons fait de magnifiques clichés qui immortalisent à jamais la beauté des lieux ainsi que notre fraternité.

Après le succès des démonstrations au Gansu dont je retenais essentiellement la beauté de son environnement, mes condisciples me proposèrent de les accompagner pour un autre événement. Cette fois, ce fut dans un endroit totalement différent, à l'est du pays, sur la mer Jaune. Plus exactement dans un temple nommé Zhou Lin Si, situé à Penglai, une péninsule au nord-est de la province du Shandong. Le monastère était adossé à flanc de montagne et faisait face à l'océan, c'était spectaculaire.

Pendant trois jours, nous avons effectué des démonstrations. Les premières au temple, où je devais briser des barres en fer sur le sommet de ma tête, la dernière, dans une salle de conférences de Penglai, où j'ai présenté le *luohan quan*, la boxe des divinités bouddhistes.

Le troisième jour, nous avons été conviés à un dîner en remerciement de notre présence et de nos performances. Ce soir-là, une rencontre inattendue allait changer à jamais la conception que j'avais du monde des puissants.

J'étais arrivé au temple muni du numéro de téléphone de Wang Zhonghai, la préséance des générations voulait que je l'appelle Hai Ge, un ancien élève d'AnNing Ge, lui-même ancien disciple de mon maître Shi Yanzhuang. Je ne connaissais pas Hai Ge, je savais seulement qu'il habitait dans le Shandong et qu'il « avait réussi » comme m'expliqua AnNing Ge. Je connaissais mieux ce dernier, avec qui je m'étais lié d'amitié pour l'avoir rencontré de nombreuses fois à Shang Cai, la ville natale de mon maître où nous allions ensemble. AnNing Ge avait fondé une école de *sanda*, un sport de combat qui puise ses racines dans le kung-fu chinois, et l'avait enseigné à Hai Ge. Moi-même, je restais dans son école deux semaines, parfois un mois. Mon maître voulait que je m'imprègne de la Chine profonde pour comprendre ses codes et sa culture. AnNing Ge aimait les arbres, les bonsaïs, les pierres et les meubles traditionnels, et avait ouvert un petit magasin où on pouvait les acheter.

Hai Ge, qui vivait à une centaine de kilomètres, à Yantai, devait nous rejoindre au dîner de gala et me prévenir de son arrivée pour ne pas se rater. Je l'attendais donc dehors. Soudain, un gros 4 x 4 noir avec vitres teintées est arrivé à toute allure et a freiné brutalement devant le restaurant. Un chauffeur est descendu du véhicule, s'est précipité vers une porte arrière pour l'ouvrir, et Hai Ge est descendu. Habillé tout en noir, des chaussures étincelantes, une onéreuse ceinture de luxe et une veste parfaitement taillée, il se tenait droit comme un i, a attrapé les deux coins de son col et les a tirés vers le bas.

Telle une star hollywoodienne, il est entré dans le restaurant, s'est assis à notre modeste table, a regardé la petite pièce dans laquelle nous étions et a décrété que nous allions changer d'endroit. Yong Ge, qui était l'aîné de tous et responsable de nous depuis Shaolin, déclina l'invitation. Hai Ge l'a réitéré, Yong Ge l'a de nouveau déclinée, ce qui, à plusieurs reprises, est un affront dans la culture chinoise. Hai Ge s'est alors redressé, il s'est tourné vers Yong Ge, l'a regardé droit dans les yeux et il lui a dit en montant le ton : « Est-ce que tu sais qui je suis ? » Yong Ge a gardé le silence et le chauffeur de Hai Ge lui a expliqué qu'en plus d'une usine de raffinement de minerais, Hai Ge était responsable de la plus grosse société du Shandong gérant les mines d'extraction d'or. Yong Ge comprit qu'il ne pourrait avoir le dessus, il a donc accepté et nous sommes partis pour Yantai.

À Yantai, Hai Ge nous a invités dans le château d'un producteur, parmi d'autres, de vin français. Nous sommes descendus dans une gigantesque salle où de nombreuses serveuses s'affairaient à couvrir de mets magnifiques et richement décorés une énorme table ronde déjà dressée.

Selon la tradition chinoise, Hai Ge, qui était la personne la plus importante, s'est assis au fond de la pièce, face à l'entrée. Ensuite, Yong Ge, qui était notre condisciple responsable et donc l'invité le plus important, s'assit à sa droite. Puis, comme j'étais proche d'AnNing Ge, son ancien professeur, j'ai été considéré comme son deuxième invité le plus important et ai été convié à m'installer à sa gauche. La table en bois massif se remplissait au fur et à mesure que les amis de Hai Ge nous rejoignaient.

J'ai vu passer sur le plateau tournant des plats si complexes que je ne saurais les décrire. Nous trinquions avec le *baijiu*, une eau-de-vie chinoise obtenue par distillation de céréales. En Chine, boire son verre seul dans son coin est considéré comme égoïste et impoli. À chaque gorgée, j'ai trinqué avec mon hôte en tenant le verre des deux mains tout en prenant garde que le haut mon verre soit bien sous celui de mon aîné par respect et humilité. Et j'ai présenté mon verre vide, pour montrer que je n'avais pas leurré celui qui m'a invité à porter un toast, qui se dit en chinois : *gan bei* !

Ces coutumes de respect et d'humilité en accord avec la préséance des générations s'appellent *jiu wen hua*. Lors des repas familiaux, entre amis ou en dîner d'affaires, qui ne connaît ou n'applique pas ces codes est considéré comme irrespectueux. C'est d'ailleurs parfois la méconnaissance des Occidentaux à l'égard des coutumes chinoises qui les font passer à côté de gros contrats.

Les heures tournaient, on discutait, riait, échangeait et partageait. Il commençait à être tard et la fatigue se faisait sentir. Hai Ge appela son chauffeur qui arriva avec un sac, il plongea la main dedans et en sortit des liasses. Moi, j'avais un portefeuille, lui, un sac !

Le lendemain, Hai Ge me raconta son parcours qui lui avait permis d'atteindre son statut actuel. Enfant, sa famille était si pauvre qu'il mangeait parfois des souris. Il rêvait d'aller à Shaolin, a quitté sa province natale, et y est devenu élève de AnNing Ge, puis, le disciple de Shi Yanwu. Ce maître connu pratiquait ce qu'on appelle l'« armure d'or », qui s'obtient en endurcissant chaque partie de son corps afin de ne pas être blessé par un coup. Il était renommé pour sa technique des « œufs d'acier », autrement dit, debout dans la posture du cavalier, il pouvait recevoir des coups de pied dans l'entrejambe sans trembler. Sans problème, il encaissait des coups de poing dans la gorge ou se faisait briser un bâton sur la pomme d'Adam. Avec un bout de tissu accroché à un arbre, il se pendait par le cou et, les jambes croisées et les mains jointes, tenait un long moment dans une posture méditative.

Hai Ge venait de loin et il avait faim ! En rentrant à son village natal, il a voulu améliorer ses conditions de vie. Le sol de la maison dans laquelle il avait grandi, il me la montra plus tard, était en terre, il n'y avait pas d'eau courante et la petite demeure ne comportait que deux pièces. Il a donc emprunté pour investir dans une mine, mais a tout perdu. Pour rebondir, il emprunta de nouveau, mais ouvrit une usine de traitement de minerai. Son idée était simple : en investissant dans une mine, on n'est pas sûr de son bon rendement, en revanche, toutes les mines ayant du rendement doivent traiter leurs minerais. Ça a fonctionné.

Au début, Hai Ge n'avait qu'une cabane de chantier, sans toilettes, au milieu d'un terrain caillouteux. Petit à petit, il a fait construire, d'abord un bureau aménagé d'élégants meubles traditionnels chinois pour recevoir ses collaborateurs et ses invités. Hai Ge a toujours dormi au travail, même marié avec un fils. Il était debout à 5 heures, à 6 heures, il recevait déjà, et ce, peu importe le jour.

Ce bourreau de travail ne comptait ni ses heures ni ses jours, d'ailleurs je ne l'ai jamais vu partir en vacances. Il me faisait penser à Steve Jobs, qui a commencé dans son garage, et à Elon Musk, qui dormait dans son bureau pendant que les autres s'amusaient.

Hai Ge ne voulait plus manger de souris. Il a pris tous les risques. Échec après échec, il a persisté, jusqu'à y arriver ! Nous avions cette vision commune que pour atteindre ses objectifs, il faut travailler dur sur le long terme et réessayer malgré les revers. Nous nous sommes liés d'amitié et Hai Ge me réservait souvent un billet d'avion et je le rejoignais quelques jours. Avec lui, j'ai compris que le schéma est le même pour un grand entrepreneur que pour un champion de sport ou un artiste renommé : pour réussir, il faut se lever tôt, travailler chaque jour, parfois le dimanche, et tenir plusieurs années jusqu'à ce que cela devienne une habitude.

En France, j'entends souvent les gens dire dès le matinvivement ce soir, puis vivement vendredi, vivement les vacances, vivement la retraite. Mais, excepté quelques rares personnes privilégiées, on ne peut obtenir que ce que l'on va conquérir.

Et Hai Ge aimait conquérir, parfois avec des idées simples. Il avait notamment acheté deux dogues du Tibet, jadis utilisés par les bergers nomades de l'Himalaya. Avec une crinière rappelant celle du lion, ils se vendent à prix d'or… et se reproduisent tout seuls !

J'ai donc compris avec Hai Ge que le monde des affaires fonctionnait sur trois piliers : une idée simple, qui réponde à une demande, et un investissement pour la concrétiser.

Lors de repas bien entourés avec Hai Ge, j'ai aussi vécu la hiérarchie de l'argent, et il arrivait que j'aie mal au cœur pour lui. Parti de rien, il n'avait « que » quelques millions et il était parfois moqué des personnes auxquelles il voulait tant ressembler.

Peu importe, Hai Ge restait humble et travailleur, il dormait toujours dans son bureau et n'investissait que dans la pierre pour lui et sa famille. Il n'a jamais oublié non plus d'où il venait. Il employait les gens les plus pauvres afin qu'ils aient un salaire, et il aidait les familles de ses employés dans le besoin. Il était aimé et respecté.

Le voir tirer vers le haut les personnes dans le besoin me rappelait un enseignement du bouddhisme rarement exposé. Siddhartha, appelé Bouddha, prônait l'égalité des hommes et des femmes dans une société patriarcale. Il fut d'ailleurs le premier à avoir accepté une femme comme disciple, et ce militantisme lui a valu plusieurs tentatives d'assassinat. Il arrivait que les plus influents du royaume lui demandent conseil, pensant que l'opulence est considérée comme un fardeau par celui qui mène une vie ascétique. Bouddha leur expliquait qu'être riche n'était pas un problème, c'est ce que l'on fait de sa richesse qui en est un, et si la fortune peut améliorer la vie des personnes dans le besoin, alors c'est honorable.

J'avais mené la vie d'ermite et partagé le quotidien de Hai Ge qui était millionnaire, après ces expériences diamétralement opposées, plus grand-chose ne devait m'étonner ! Et pourtant ! Ma dernière rencontre marquante fut celle de Hong Kong, où j'accompagnais un étranger de passage à Shaolin pour renouveler son visa. Depuis la gare de Zhengzhou, nous avons rejoint Shenzhen, une des mégalopoles les plus développées et les plus riches du sud de la Chine. Le trajet en train durait trente-six heures. Des champs de blé du nord aux rizières du sud nourries du climat tropical, j'ai pu admirer les paysages de ce grand pays.

À Shenzhen, nous avons d'abord passé une douane souterraine puis pris un métro impeccablement propre. Après trente minutes, nous sommes descendus à Kowloon, la péninsule chinoise de Hong Kong où a vécu Bruce Lee.

Ce que je découvris était aux antipodes de la démesure chinoise que je connaissais. Les rues étaient si étroites que les trottoirs étaient des passerelles surplombant le sol, et les passages piétons, des ponts enjambant les routes. La conduite à l'anglaise me perturbait également, je n'y étais pas habitué.

Je me suis rendu à l'avenue des Stars, située sur le front de mer, à Tsim Sha Tsui. Comme sur Hollywood Boulevard, à Los Angeles, les célébrités ont leurs empreintes gravées dans le sol. J'y retrouvais celles de

Jackie Chan, de Jet Li et de Chow Yun-fat incarnant Li Mu Bai dans *Tigre et Dragon*, chef-d'œuvre cinématographique récompensé de quatre oscars. J'y découvrais également la statue en bronze honorant Lee Xiaolong, plus connu sous le nom de Bruce Lee. Le soir, la baie Victoria, où se trouve l'avenue de Stars, est féerique quand tout s'allume. De l'autre côté de l'embouchure, je pouvais voir Central, le riche quartier d'affaires. Illuminées, les hautes tours à l'architecture reconnaissable se reflétaient dans les vagues de l'océan auquel elles faisaient face, tous les mouvements scintillaient, c'était subjuguant.

Le lendemain, je me rendis à Lantau, une île retirée où ont été tournés de nombreux films. Je pris un bateau (à Hong Kong, on prend le bateau comme ailleurs on prendrait le bus). Après une heure sur la mer de Chine, je suis arrivé sur l'île, plus exactement à Tai O, un village de pêcheurs. Avec ses maisons en bois sur pilotis, le village avait traversé le temps. Contrastant avec la jungle des gratte-ciel, Tai O a conservé une atmosphère maritime et ses habitants, les Tanka, vivent un rythme de la nature. Un cours d'eau traverse le village jusqu'à l'océan, les gens se déplacent en bateau et les deux rives sont reliées par des ponts suspendus. C'est ici que j'allais loger afin de découvrir le sud de la Chine tropicale.

Après une nuit de repos, je pris le bus pour la colline de Ngong Ping. Là-bas, le monastère de Po Lin fondé en 1906 fait face aux deux cent soixante-huit marches menant au Bouddha de Tian Tan. Posé sur une base de trois étages, le colosse de bronze mesure trente-quatre mètres et pèse deux cent cinquante tonnes. Face à cette grandeur, je ressentis l'humilité. Mais je fus aussi surpris : le bouddha faisait face au nord à son sosie des grottes de Longmen à Luoyang, non loin de Shaolin. Il avait fallu assembler cent soixante pièces de bronze pendant douze années pour élever cette statue monumentale. Elle fut l'une des plus belles et des plus impressionnantes représentations que j'aie pu voir.

Après une nuit pleine de rêves, j'ai voulu en savoir un peu plus sur Tai O. À la sortie du village, je me suis dirigé vers la baie. Je fus impressionné par la puissance de l'océan à perte de vue et me suis senti vulnérable face à la force de cette immensité.

Non loin, je pris un chemin qui menait aux collines longeant l'océan afin de contempler le monde d'un peu plus haut. En avançant sous des arbres abritant des broussailles, je suis tombé nez à nez avec une toile d'araignée de près d'un mètre de diamètre. Je n'en avais jamais vu une aussi grosse, et, horrifié, j'ai instinctivement reculé. Puis, je me suis avancé lentement pour vérifier si elle était habitée. Il y avait bien une araignée. Aussi grosse que ma main, elle était noire avec des anneaux jaunes à chacune de ses articulations et une protubérance rouge vif à l'arrière de son corps. J'étais figé ! Entre peur et curiosité, j'ai saisi une branche pour faire bouger la toile et voir sa réaction. Je tenais la branche à bout de bras, l'ai approchée de la toile et après une courte hésitation, j'ai osé la toucher. D'un coup, l'araignée a bondi et a remonté la branche si vite et si fort que j'ai senti la résonance de ses pattes dures sur la branche que j'ai brutalement lâchée en faisant un violent bond en arrière ! J'étais tétanisé ! Mon cœur battait fort, je regardais partout autour de moi pour savoir où elle était passée, mais, avec l'épaisse végétation, je ne voyais rien. Comme à Shaolin avec le serpent, il me fallut un moment pour faire redescendre l'adrénaline.

Après avoir repris mes esprits, je poursuivis mon chemin jusqu'en haut de la colline. C'était un point d'observation pour dauphins roses. À cet endroit, l'un des centres maritimes les plus fréquentés du monde, les mammifères roses évoluaient entre les titanesques bateaux porte-conteneurs. La scène était si discordante que je restais perplexe en songeant au monde dans lequel nous vivons. Et, dans le train qui me ramenait à Shaolin, je me posais toujours des questions à propos de la place et de l'impact de l'homme sur la terre.

# 21.

Après chaque découverte, j'aimais retourner à la simplicité et à la sobriété de l'existence monastique. J'aimais porter la toge des grands maîtres et l'état de quiétude que je ressentais le matin en récitant les *sutras* éclairés par les bougies dans le hall du Grand Trésor puissant. Le temple dans les montagnes baigne dans un environnement naturel très agréable, et vivre en harmonie avec la nature procure un bien-être dont je ne pouvais me passer. M'entraîner au kung-fu plusieurs heures par jour me mettait en forme, je me sentais en permanence vif et agile.

Un soir, et malgré l'heure et l'absence totale de luminosité, j'ai décidé d'effectuer en deux-roues la quinzaine de kilomètres qui séparent Dengfeng de Shaolin puisque je devais me rendre chez l'abbé Shi Yongxin le lendemain. En soirée, il était très rare de croiser quelqu'un sur ces chemins. Je roulais donc confiant, en pensant aux sujets que je voulais aborder avec l'abbé.

Tout d'un coup, au détour d'un virage, dans la nuit noire, je me suis trouvé nez à nez avec un paysan qui faisait demi-tour sur son motoculteur. Il occupait toute la largeur de la route. Lancé à pleine vitesse, je n'ai pas eu le temps de l'éviter et j'ai percuté de plein fouet sa remorque en acier. Le choc fut d'une telle violence que je ne me souviens que du bruit fracassant de l'impact.

Lorsque j'ai ouvert les yeux, j'étais à l'hôpital. Il m'arrive parfois, après un événement grave, de douter de lui, de ne pas être capable de discerner en rêve et réalité. En reprenant progressivement conscience de ma réalité, je découvris aussi une vingtaine de lits alignés le long du mur d'une pièce aseptisée. J'ai essayé de bouger sans y parvenir, j'étais comme paralysé. Je fus de nouveau convaincu que c'était la continuité d'un rêve, ou plutôt d'un cauchemar. J'ai refermé les yeux et sombré dans un état d'inconscience.

Au réveil, des infirmières m'expliquèrent ce qui s'était passé, tout en précisant que j'avais beaucoup de chance d'être encore en vie ! Encore sous le choc et tout endolori, je ne compris la gravité de la situation que lorsque les examens d'usage permirent de poser un diagnostic plus précis. La liste était longue, j'avais une fracture sous le plateau tibial, une de la tête du péroné, une d'une côte, une du poignet, une déchirure des deux ligaments croisés et des plaies au menton et à la tête. Je comprenais mieux pourquoi je ne pouvais plus bouger.

J'étais dans la salle où étaient réunis les cas les plus graves, certains étaient entre la vie et la mort, d'autres dans le coma depuis plus de six mois, j'en voyais arriver de nouveaux qui hurlaient quand les infirmières leur passaient une sonde urinaire ou leur ouvraient la trachée pour dégager les voies respiratoires. Je relativisais un peu, cherchais à positiver, à accepter la situation. Tout en souffrant le martyre, je me disais qu'une fracture se remettait vite.

Je découvris aussi le système de santé chinois. Tous les frais étaient à ma charge. Je devais subir plusieurs opérations, dont une pour la fracture du tibia puisqu'il fallait poser une broche assez urgemment. Chaque matin, le médecin venait me voir et me demandait si j'avais l'argent pour me faire opérer. Comme ce n'était pas le cas, l'intervention ne s'effectuait pas. À ce moment-là, je repensais à ma période BMX et les nombreuses fois où j'avais chuté gravement. Lorsque j'allais à l'hôpital, il me suffisait de montrer la carte Vitale, la prise en charge était immédiate.

En Chine, et si on n'a pas les moyens financiers, c'est souvent la famille qui se réunit la somme d'argent nécessaire. Pour manger, il faut aussi se débrouiller, ou avoir la chance qu'un proche apporte de quoi s'alimenter chaque jour. Souvent, les familles s'endettent à vie pour assumer les frais d'un accident grave, et certains laissés-pour-compte finissent handicapés.

Ici, il n'y avait ni chômage, ni RSA, ni APL, ni chèque énergie… De mon lit, tantôt, je louais le système français, tantôt, je me disais que l'absence d'État providence soudait les citoyens en les rendant responsables, solidaires et courageux. Un peu à l'instar du *yin* et du *yang*, je voyais des avantages dans les deux approches.

Lorsque l'abbé Shi Yongxin a eu connaissance de la situation, il a contacté un grand chirurgien de Luoyang qu'il a fait venir à Dengfeng pour s'occuper de moi. Il a pris à sa charge tous les frais liés à la pose de la broche. Je ne le remercierais jamais assez pour tout ce qu'il a fait pour moi.

Après cette intervention, j'ai dû rester alité trois mois sans poser le pied au sol. Lorsqu'on est allongé si longtemps, on finit par s'affaiblir, perdre sa masse musculaire et souffrir du dos. La première fois que j'ai voulu me mettre debout, mon corps n'avait plus l'habitude de la position verticale, j'ai été pris de vertiges, et si on ne m'avait pas rattrapé, je me serais effondré. À cet instant, j'ai pris conscience de mon état et des efforts que j'allais devoir fournir pour retrouver ma forme.

Dès que je suis sorti de l'hôpital, je me suis structuré un plan d'action. Je devais d'abord me rétablir et récupérer, ensuite je rentrerai en France pour poursuivre les soins, me faire enlever la broche et me faire opérer des ligaments croisés. Enfin, je reviendrai à Shaolin poursuivre ma destinée.

Mais cela n'allait pas du tout se passer comme je le pensais…

J'ai atterri à l'aéroport de Paris-Charles de Gaulle le 15 février 2015, soit très exactement cinq ans, jour pour jour, après mon arrivée en Chine. En arrivant à Troyes, ma ville natale, je n'avais plus rien. La mère de mes enfants avait déménagé avec tout ce qui m'appartenait. Je me retrouvais seul et à la rue avec quelques paires de chaussettes, un pantalon et des tee-shirts dans une valise. Heureusement, un ancien voisin m'a hébergé.

Par la suite, je découvris, en effectuant les démarches pour mes soins, qu'après toutes ces années en Chine, j'étais considéré comme expatrié. Un long parcours du combattant allait alors commencer. Je devais refaire tous mes papiers, et, entre les prises de rendez-vous, l'obtention de documents et leur traitement, ma première opération ne pouvait avoir lieu qu'en juin 2015, soit quatre mois plus tard.

Le chirurgien m'a expliqué qu'il allait faire trois interventions séparées chacune de trois mois pour laisser à l'organisme le temps de récupérer du traumatisme et des anesthésies générales. J'en avais donc pour un an, ce n'était pas du tout l'agenda que j'avais en tête.

Cette longue période d'attente fut aussi celle de découvertes très décevantes.

Chaque année, je rentrais en France pendant un mois pour passer les fêtes de fin d'année avec mes enfants, et, en août, pour les grandes vacances. Lors de mes retours, tout allait bien. En réalité, tout n'était qu'une mascarade et j'ignorais l'ampleur de ce qui m'était caché.

Mon beau-père, le compagnon de ma mère, donnait de l'argent à la mère des enfants qui, en échange, lui laissait mon fils, qu'il avait accaparé comme si c'était le sien. Il le gardait avec lui et le traitait comme un roi, tandis que ma fille, qui ne faisait pas partie du marché, était seule, parfois chez sa grand-mère maternelle, d'autres fois chez une tante, souvent livrée à elle-même. Je trouvais révoltant ce qui se passait et doublement révoltant de les avoir séparés ainsi avec une telle différence de traitement.

Je me retrouvais dans le monde des intérêts personnels, sans aucun scrupule, tellement loin de la sagesse des grands maîtres. Je ne pouvais pas retourner vivre en Chine. Je ne serais pas aligné avec moi-même en laissant ma fille seule, trimbalée et séparée de son frère. Il fallait que je restructure les choses et, dans l'intérêt des enfants, j'ai fait le difficile choix de sacrifier mes rêves avec Shaolin.

Pour autant, ma présence à Troyes n'empêcha pas mon beau-père de poursuivre son œuvre pour « acheter » l'affection de mon fils. Tandis que j'étais toujours hébergé chez le voisin et que je prenais le bus, il offrit une voiture à la mère des enfants et continua de lui régler bon nombre de ses factures, mettant ainsi toutes les chances de son côté pour garder Mathéo. Maïlyne était heureuse de mon retour, nous pouvions passer du temps ensemble, mais, pour mon fils, c'était différent. Mon beau-père le voulait pour lui seul, et m'« autorisa » à le voir une fois par semaine.

Ce fut l'affront de trop ! J'ai d'abord acheté une vieille voiture à quatre cents euros pour effectuer mes démarches, j'ai cherché un logement pour stabiliser la situation et je me suis rendu chez un avocat afin d'entamer une procédure devant le juge aux affaires familiales pour organiser les choses légalement. J'étais le tuteur légal, mon beau-père ne pourrait avoir le dessus.

Avec les enfants, nous avons donc emménagé en juin 2015. Au début, nous n'avions rien, nous dormions tous les trois sur un vieux canapé clic-clac et mangions sur une table trouvée à la décharge. Afin de nous installer plus convenablement avec les enfants, j'ai voulu récupérer ce qui m'appartenait, mais leur mère refusa.

Elle avait déjà entrepris de me décrédibiliser auprès de ma propre famille et de mon entourage. Elle intensifia son action avec des histoires invraisemblables et réussit à liguer contre moi mes parents, ma cousine, ma tante, mes amis… Une véritable guerre où j'étais seul contre tous. Malgré le procès en cours, ma mère et mon beau-père envoyaient les enfants chez leur mère, qui en profitait pour établir des attestations pour me nuire. Ils continuaient également de lui donner de l'argent pour la soutenir, et la liste est longue… les coups bas furent nombreux.

Heureusement, tout le monde peut brasser de l'air et créer des situations pour mettre en défaut une personne, mais chacun de nos actes laisse des traces qui deviennent des preuves. De cette manière, après deux ans de procédure, la juge aux affaires familiales m'octroyait la charge exclusive des deux enfants.

Nous vivions donc tous les trois réunis, hors des conflits de garde alternée. Ils ont été mes deux premiers disciples. Je leur ai appris les bases du kung-fu, mais la rigueur que nécessite cette discipline était difficile pour eux. Ce sont donc surtout les conceptions mentales et philosophiques que je leur partageais.

Quelque temps, après, en juillet 2018, mon ancien beau-père s'était donné la mort sans laisser savoir pourquoi. Après cet événement, ma mère a déménagé pour habiter à côté de chez mes grands-parents.

J'avais en tête mes dernières conversations avec mon beau-père. Nous étions en total décalage. Il me disait que tous mes accomplissements étaient inutiles et sans valeur, que c'était un gaspillage de temps et d'argent. Il me reprochait d'avoir gâché des années de ma vie à Shaolin, affirmant que j'aurais mieux fait de travailler afin de cotiser pour ma retraite.

Quand on a la chance d'avoir une famille extraordinaire, il est important de rester soudé, mais, lorsqu'elle est toxique, il est essentiel de s'en éloigner. J'avance seul, avec mes enfants, pour vivre mes rêves !

Mes années à Shaolin m'ont affranchi du jugement et de la jalousie des autres, le plus important étant de se réaliser en tant qu'individu sur son chemin de vie. Nous ne sommes pas sur terre pour être ce que les autres voudraient que l'on soit, mais pour nous impliquer afin de devenir ce que nous sommes censés être. Du moment que notre démarche n'est ni immorale ni non vertueuse, on peut se dévouer pleinement.

Maintenant que les problèmes étaient réglés et la situation stabilisée, je pouvais m'investir pleinement dans un projet auquel je repensais depuis quelque temps déjà, et qui me tenait à cœur : poursuivre dans ma voie.

# 22.

J'étais bien avec mes enfants, mais je ne pouvais plus repartir à Shaolin. Il me fallait cependant garder une activité en lien avec toutes les années que je venais de vivre. Il était vital pour moi de m'inscrire dans une continuité. C'est donc tout naturellement que j'ai décidé d'approfondir le troisième trésor de Shaolin.

Ainsi, j'ai démarré des études de médecine traditionnelle chinoise avec une formation de cinq ans et un programme de mille deux cents heures, dans une école fonctionnant en partenariat avec l'université de Shanghai. C'était parfaitement dans la lignée de ma vie en Chine et correspondait à la vision de la médecine traditionnelle chinoise que j'avais découverte à Shaolin.

Encore une fois, on tenta de me dissuader, on me traita comme un fainéant qui ne veut pas travailler et qui n'y arrivera jamais. J'avais trente-quatre ans, tout le monde me disait qu'on ne refait pas sa vie à cet âge-là, que j'étais fou, que je devais chercher un CDI, et contracter un crédit pour acheter une voiture neuve ainsi qu'une maison.

Mais j'étais immunisé contre toute forme de mimétisme et de pression sociale. Depuis longtemps déjà, j'avais compris qu'on ne m'encouragerait pas avant de m'engager dans un projet, et qu'on ne me féliciterait pas quand je l'aurais abouti. Le mépris à mon égard qu'ont suscité mes titres à BMX et mon parcours à Shaolin, sans oublier le comportement de ma famille à mon retour en France, ont eu pour conséquence que je n'attends plus depuis longtemps de briller dans le regard des autres. Aujourd'hui, je ne parle plus de mes rêves, je les vis pour mon bonheur personnel.

Je me suis donc consacré entièrement à la médecine traditionnelle chinoise qui me passionne tant. Avant même d'officialiser mon inscription, je me visualisais déjà avec mon cabinet comportant une salle d'arts martiaux où je pourrais m'entraîner chaque jour au kung-fu Shaolin, un nouveau but m'animait !

La première étape du cursus fut d'approfondir mes connaissances du corps humain. Il fallut donc apprendre les deux cent six os du squelette. Ensuite, les muscles avec leur origine, leur terminaison et le mécanisme de leurs mouvements. Et dès lors savoir de quel os à quel os les muscles sont attachés et les mouvements qu'ils permettent de faire comme une flexion, extension et rotation. Cette première étape me permit de comprendre pourquoi notre squelette est ainsi conçu et comment fonctionne la physiologie du corps humain.

Plus j'apprenais, plus je me posais des questions sur la conception de notre existence, de la vie et de l'univers dont nous sommes un microcosme. Notre corps contient environ soixante pour cent d'eau. Sur la terre, on la trouve sous trois formes, solide, liquide et gazeuse, et on sait qu'elle existe sur d'autres planètes. Le foie, la rate, la moelle osseuse et le sang contiennent de la ferritine, qui est une protéine qui stocke le fer, et le fer se trouve sur la terre ainsi que sur d'autres astres. La couche archéologique de ma ville natale, Troyes, est en calcaire qui est composé essentiellement de carbonate de calcium, et le calcium est l'un des différents composants de notre squelette. Nous inspirons pour oxygéner notre sang et l'oxygène qui parcourt notre corps est l'un des composants de notre atmosphère. Notre organisme est un microcosme de l'univers dans lequel ces différents éléments se rassemblent afin de lui donner vie, c'est absolument extraordinaire !

Ensuite, il m'a fallu apprendre les douze méridiens principaux d'acupuncture et les fonctions des organes auxquels ils sont rattachés, leurs trajets ainsi que les cent soixante et un points qui les parcourent, avant de découvrir qu'il y avait encore huit méridiens dits « extraordinaires » ainsi que quarante-huit autres points dits « hors méridiens ». La tâche était ardue !

J'étudiai également la prise de pouls couramment utilisée en Chine, que j'avais découverte avec les moines taoïstes de Wudang lors de mon stage en 2005. Au poignet, sous le pouce, on pose d'abord le majeur, l'index puis l'annulaire. Est-ce qu'on sentira le pouls à peine les doigts posés ou faudra-t-il aller le chercher en profondeur ? Le sang remplit-il l'artère radiale, et il sera plein, ou pas assez, et il sera vide ? Son rythme est-il compris entre soixante et quatre-vingts pulsations par minute ? Est-il régulier ou irrégulier ?, etc. Le pouls apporte énormément d'informations sur notre état qu'il est nécessaire de prendre en compte.

J'assimilais aussi que l'observation de la langue nous en indique beaucoup sur ce qui se passe dans le corps. Ainsi, on vérifie si l'enduit est sec ou épais, s'il est blanchâtre ou jaunâtre, si la langue est lisse ou fissurée, déviée, indentée, etc. D'ailleurs, notre médecine occidentale utilise également cette technique de diagnostic : nous avons tous en mémoire cette fameuse spatule en bois que le docteur nous introduisait dans la bouche pour l'observer.

Durant ce cycle, j'approfondis plusieurs méthodes, à commencer par le *tuina*, qui est une technique de massage préventif aux multiples applications. Elle se divise en sous-techniques pour soulager des douleurs articulaires et les lésions musculaires. Il y a, par exemple, le *gunfa*, un enroulé de la main destiné à relâcher les tissus mous comme le carré des lombes, le *tuifa*, pour remonter une chaîne musculaire douloureuse avec une pression appropriée afin de la relâcher. Cette technique est souvent utilisée pour les chaînes musculaires longeant la colonne vertébrale afin de soulager le mal de dos. L'*anfa* est plus connue en France sous le nom de « digito-puncture » ou « acupression ». C'est l'action d'exercer une pression avec le pouce ou l'index sur un point d'acupuncture.

Quant aux ventouses, autrefois en corne de vache ou en bambou, elles sont aujourd'hui généralement en verre ou en plastique. Elles sont idéales pour soulager les tendinites, les courbatures et pour stimuler la circulation sanguine. Elles se posent sur la peau par vide d'air et ont traditionnellement trois méthodes d'utilisation. La première est fixe, sur des points d'acupuncture, le long des méridiens ainsi qu'aux zones musculaires doulou-reuses. La deuxième, avec microsaignée, permet, par exemple, d'extraire les toxines d'une morsure ou d'une piqûre d'insecte ; si elle est appliquée à temps, les résul-tats sont probants. La troisième est mobile, on applique une huile, puis on déplace une ventouse de plus grande taille qu'on tient des deux mains le long des chaînes musculaires afin de les détendre et les relâcher. Cette méthode est très efficace pour les footballeurs de haut niveau qui ont souvent les cuisses congestionnées.

Le *gua sha*, également au programme, est une technique qui consiste à frotter la surface de la peau avec un instrument qui est soit en corne, soit en pierre, soit en métal. Traditionnellement, le *gua sha* est utilisé pour lever des stagnations de sang, éliminer les toxines et soulager les sportifs ayant des sensations de blocage musculaire.

Également l'auriculothérapie, c'est-à-dire la stimula-tion de points sur divers endroits de l'oreille. En étudiant cet organe dans sa globalité, je découvris que chacune de ses zones a une action sur différentes parties du corps.

Le sevrage du tabac, par exemple, peut être obtenu grâce à l'auriculothérapie.

La moxibustion, que j'utilisais parfois à Shaolin pour soulager mon genou opéré en 2001. Son principe est de réchauffer avec de l'armoise en combustion, ce qui permet, entre autres, de soulager les troubles digestifs pour les personnes qui consomment les produits froids du réfrigérateur et de dégager les voies respiratoires après un coup de froid. Au niveau de l'ombilic, avec du gingembre et du gros sel, la moxibustion soulage également les douleurs abdominales de la gastroentérite.

Avec l'étude du *tuina*, des ventouses, du *gua sha*, de la moxibustion et de l'acupression que j'avais découverte en Chine quelques années plus tôt, j'étais véritablement dans la continuité de Shaolin. Je connaissais l'approche traditionnelle du temple, et cette formation m'enseigna une approche plus académique, les deux se complétaient parfaitement.

Il m'a fallu assimiler de nombreux ouvrages pour l'obtention des examens. J'ai cherché des méthodes d'apprentissage pour optimiser mes chances de réussite. C'est ainsi que j'ai découvert les formations de by Steve. Trois fois champion du monde de lecture rapide, il est le créateur d'un programme qui permet de stimuler sa productivité, intitulé Boosteur d'excellence. J'ai expérimenté cette formation en elearning, et dés la première année, cette technique de lecture rapide m'a été d'une très grande aide. J'ai notamment pu apprendre les six cents pages de mon tome avec un an d'avance et obtenir un vingt sur vingt à mon premier examen ! Je me suis aussi initié au *mind mapping,* qui consiste à synthétiser de longs textes ou des idées en schémas simplifiés, ce qui a été pour moi une petite révolution méthodologique, notamment pour tout ce qui relevait de la mémorisation.

Les formations de by Steve portaient aussi sur la communication, la psychologie et les différents profils de personnalité de l'être humain. J'ai pu découvrir quel est le mien, apprendre à connaître celui de mes interlocuteurs et comment me comporter en conséquence. Pour optimiser mes échanges, je me suis ensuite synchronisé avec la maïeutique socratique (qui est l'art du questionnement dont l'objectif est de montrer à celui qui se croit ignorant qu'il est en réalité savant). Grâce à toutes ces formations, j'ai appris quelle posture adopter selon le cadre dans lequel j'évolue, un atout que j'utilise beaucoup au quotidien lors de mes rendez-vous.

Il ne me restait plus maintenant qu'à trouver où se situerait l'institut Shaolin Yan You et sa salle d'entraînement, que j'ai visualisé tout au long de mes études.

# 23.

Lorsque j'ai enfin obtenu mes certificats de médecine traditionnelle chinoise, trois projets se sont encore plus sûrement dessinés : ouvrir mon institut de médecine traditionnelle chinoise pour mettre en pratique toutes les connaissances acquises lors de la formation et au temple Shaolin, proposer une chaîne YouTube et partager mon expérience dans un livre sincère afin d'aider les personnes qui, comme moi, ont connu ou connaissent une situation familiale défavorable ainsi qu'une séparation désastreuse pendant laquelle elles ont tout perdu. Ce livre, qui devait témoigner à la fois du processus et de l'état d'esprit grâce auxquels j'ai pu m'en sortir et, contre toute attente, réaliser mes aspirations, vous le tenez entre vos mains !

La chaîne YouTube, qui a pour nom « Shaolin Yan You » a été officiellement ouverte en 2021. Elle s'installe progressivement. Mon objectif est d'y développer les thématiques contenues dans cet ouvrage, c'est-à-dire de partager avec le plus grand nombre ce patrimoine culturel immatériel de l'humanité. Issues d'une tradition de transmission depuis plusieurs siècles, les connaissances que j'ai reçues de mon maître, il les a lui-même reçues de son maître et ainsi de suite depuis huit cents ans. Cet héritage remonte à l'abbé Fu Yu. Un maître qui meurt sans avoir transmis ses connaissances, c'est une portion de notre patrimoine qui disparaît à tout jamais. Lorsque vous apprenez avec moi, vous n'apprenez pas avec moi, vous apprenez de mon maître par mon intermédiaire. Il n'est donc pas antinomique de poursuivre cette transmission en utilisant les moyens de communication de notre temps. L'essentiel est de ne pas dénaturer sa philosophie et sa culture.

Outre les thématiques abordées dans cet ouvrage, j'y développe aussi les bienfaits de la méditation, celle qui va au-delà du cliché de « s'asseoir en tailleur et ne rien penser ». Mon maître disait que « la méditation n'est pas une posture, c'est une attitude ». Avec lui, je partageais chaque jour la traditionnelle cérémonie du thé. YouTube me permet d'expliquer les propriétés du thé vert, noir, rouge, blanc, la manière de les consommer, à quel moment de la journée et à quelle saison. Un adage dit que « si tu as un thé qui coûte plus cher que l'or mais que tu le bois seul, il n'aura aucune saveur. Si tu le partages dans le bonheur avec les amis qui ont une place dans ton cœur, c'est à ce moment seulement qu'il prendra toute sa valeur ». YouTube, c'est aussi le moyen de rapporter des anecdotes ou des échanges qui n'apparaissent pas non plus dans cet ouvrage, de montrer des clichés et des vidéos, de poursuivre aussi sur ma vie d'ermite, etc. J'y parle aussi de Sun Tzu, dont les stratégies qu'il développe dans *L'Art de la guerre* peuvent s'appliquer à de nombreux domaines comme celui du sport et de l'entreprise, ou s'adapter à d'autres secteurs, ce que je propose de faire. Une chaîne YouTube évolue aussi avec son public, ses abonnés. La mienne est donc interactive et l'échange privilégié.

Mais le plus gros projet réalisé a bien été l'ouverture de l'Institut Shaolin Yan You, à Troyes, en janvier 2021. C'est un lieu unique puisque, après le temple Shaolin, c'est un des rares endroits du monde où sont réunis avec légitimité les authentiques trois trésors que sont *chan*, *wu* et *yi*. J'accompagne les personnes qui souhaitent retrouver confort de vie et bien-être du corps et de l'esprit avec ces trois beaux outils.

Ainsi, la sagesse du Chan aide à retrouver la sérénité intérieure. C'est une victoire quand les personnes dépressives, angoissées ou anxieuses après un décès, une séparation ou des problèmes familiaux repartent avec le sourire ! Avec *wu*, les difficultés de mobilité ainsi que les cas de troubles musculaires et ostéoarticulaires peuvent être améliorés. La pratique du *qi gong* traditionnel, par exemple, conduit à de bons résultats pour les personnes l'exerçant régulièrement, tandis que le kung-fu, en plus d'être utile en autodéfense, a l'avantage de renforcer le corps. Que l'on soit jeune ou âgé, homme ou femme, ces disciplines sont accessibles à toutes et à tous. Quant à *yi*, sa compréhension est très bénéfique à notre principal lieu de vie. La plupart des gens pensent vivre dans un appartement ou dans une maison ; or, nous habitons d'abord dans notre corps. Nous savons où se trouvent la cuisine, la salle à manger et notre chambre, mais nous ne savons pas forcément où se trouvent notre estomac, notre foie et notre cœur, et ne comprenons pas toujours leur fonctionnement ou ce qui leur est favorable ou défavorable. Entre ce que l'on veut et ce qu'il faut, entre ce qui est agréable et ce qui est nécessaire, il y a une différence à appréhender pour améliorer notre qualité de vie. *Yi* est là pour ça.

Aujourd'hui, j'aide les personnes qui se rendent à l'institut à comprendre leur physiologie et je mets à leur disposition les approches qu'on m'a enseignées, comme la digitopuncture, la moxibustion, le *tuina*, le *gua sha* et les ventouses. Mais, je pense aussi qu'il est possible de comprendre et d'assimiler ce qui est visualisé et matérialisé mentalement. C'est pourquoi j'explique, avec des mots simples, la source des maux. C'est avant tout un échange qui, en général, dure une heure. Une fois que la personne sait et comprend ce qu'elle a, je peux lui donner les conseils à appliquer au quotidien qui lui apporteront une différence de confort et de bien-être.

Cet institut donne un sens à ma nouvelle vie, je me sens utile en améliorant l'existence des personnes qui me sollicitent et ça me rend heureux. Des femmes qui ne pouvaient plus lever le bras passent à nouveau la main dans leurs cheveux. Des personnes tristes et épuisées par la vie repartent avec le sourire. D'autres ne boitent plus. Des personnes en chimiothérapie retrouvent progressivement leurs forces et des entrepreneurs stressés, le sommeil. Les ouvriers souffrant de douleurs chroniques au dos et aux épaules, comme les gens qui travaillent tous les jours sur un ordinateur et qui ont mal au cou avec des tensions cervicales, sont soulagés grâce au relâchement musculaire possible avec les outils à notre portée et les conseils donnés sur la posture. De nombreux sportifs viennent quand ils sont blessés, pour se préparer avant une épreuve ou pour récupérer après la compétition. Ces succès sont pour moi d'énormes satisfactions. Il m'a même été demandé de créer un ministère du Bonheur comme au Bhoutan, où vivre heureux est un enjeu national ! Au fil des rencontres et du temps, nous nous connaissons de mieux en mieux, des affinités se créent et parfois des amitiés !

Après le BMX, le kung-fu, Shaolin, la médecine traditionnelle chinoise et l'ouverture de mon institut, j'ai été mis en lumière, j'ai commencé à intéresser certains médias : France Télévisions, M6, et aussi le plus influent youtubeur français, Squeezie, m'ont sollicité pour faire des reportages et des documentaires. Cela m'a fait comprendre que je devais partager pour inspirer.

Alors, j'ai aujourd'hui un rêve. Mon enfance a été bercée par le septième art, avec Harrison Ford, Arnold Schwarzenegger, Tom Hanks, Gérard Depardieu, Jet Li, et bien d'autres, comme les productions de la Shaw Brothers. Mon rêve serait de me lancer dans le cinéma !

Grâce à lui, j'aimerais partager avec tous les valeurs morales qui m'ont permis d'avancer et de m'élever – Bruce Lee, par exemple, le faisait très bien –, montrer des méthodes d'entraînement simple et efficace comme dans les *blockbusters* de Jean-Claude Van Damme, prouver qu'on peut partir de rien et s'élever, à l'image de Sylvester Stallone dans *Rocky*, et en même temps faire vivre du bonheur avec des instants amusants en s'inspirant du comique d'une de mes stars préférées, Jackie Chan.

Un centre Shaolin d'envergure nationale et sous l'autorité de l'abbé du temple, Shi Yongxin, devrait voir le jour à Paris. Ce centre sera le seul au monde, en dehors du temple en Chine où l'on pourra bénéficier des authentiques trois trésors de Shaolin. Les connaissances transmises par l'institut Shaolin Yan You, qui a une portée locale, et le futur centre Shaolin de Paris ont essentiellement la mémoire pour vecteur, et on ne peut pas tout retenir. Le cinéma, lui, véhicule des valeurs à l'échelle mondiale et fait rêver pendant des décennies, puisque l'on peut désormais revoir un film autant qu'on le souhaite pour revenir sur ce qui a tant intéressé.

Mon maître Shi Yanzhuang, qui nous a quittés le 10 janvier 2023, disait qu'on ne peut pas changer les gens, mais qu'on peut les aider avec ce que l'on sait.

Je donnerais de nouveau le meilleur de moi-même pour honorer mon maître, qui a cru en moi et qui, aujourd'hui, me regarde du haut du ciel.

*Amituofo !*

# 24.

Aujourd'hui, je me rends compte que ma vie a été exceptionnelle et que c'est loin d'être terminé. Avec le recul et symboliquement, je dirais que le moment ayant le plus marqué ce début d'une destinée atypique est le jour où j'ai été ordonné moine. J'ai ressenti une force spirituelle m'envahir le corps et l'esprit, une sorte de révélation.

Pourtant, je n'ai pas perçu tout de suite la dimension unique de l'événement. Ce fut le cas seulement lorsque j'appris que j'étais le seul Occidental à avoir vécu trois années au monastère avant d'y avoir été ordonné moine Shaolin. Là, j'ai compris le caractère singulier de cette expérience.

Cette institution vieille de mille cinq cents ans, toujours très secrète, extrêmement sélective et d'un accès très difficile, voire impossible, avait accepté que je vive plusieurs années dans l'enceinte du temple Shaolin avant d'y être ordonné moine ! Seul un autre non-Chinois, plus précisément un Japonais, vécut de nombreuses années au monastère et y fut aussi ordonné... c'était il y a huit cents ans ! Finalement, dans l'histoire de Shaolin, nous ne sommes que deux non-Chinois à avoir pu vivre cette expérience et j'étais le seul Occidental en plus d'un millénaire !

En mars 2013, pour la troisième fois depuis trois cents ans, avait lieu la *san tan da jie*, l'« ordination des trois estrades », qui confère un nouveau titre, celui de *fashi*. Pour le moment, j'étais encore *shami*, un « novice » ayant vécu au moins trois années dans le temple pour apprendre et comprendre la vie de moine bouddhiste. Durant cette période, le maître procède en toute discrétion à certaines mises à l'épreuve pour révéler notre vraie nature.

La cérémonie fut présidée par des abbés de célèbres temples et des maîtres éminents et, comme pour tous les cérémonials d'ordination qui se répètent tous les trois ans à Shaolin, près de trois cents novices sont venus de toute la Chine afin d'être ordonnés moines. Les festivités ont duré quatre longues semaines, pendant lesquelles nous avons franchi les « trois estrades » en prononçant des vœux à chacune d'entre-elles.

Le premier jour, nous avons tous reçu une petite bassine, un savon, une brosse à dents, du dentifrice et une serviette pour notre toilette, et une sacoche à porter en bandoulière dans laquelle se trouvaient un bol, une cuillère en bois et ce qui ressemblait à un blaireau de rasage, mais en poils durs, pour nettoyer le bol. Depuis toujours, les moines bouddhistes ne possèdent qu'une toge pour se couvrir et dormir et un bol pour se nourrir, ce qui participe à leur détachement du matériel, l'une des principales causes de la souffrance humaine.

On nous a remis plusieurs tenues, à commencer par celle, grise, du *shami*, que nous devions porter dans le dortoir, et la *da gua*, une longue toge dont nous devions nous couvrir en en sortant. Nous avons reçu trois autres tenues traditionnelles : la grande toge rituelle, *wu yi*, simple et rudimentaire, puis la *qi yi*, d'un marron profond avec l'anneau et le crochet en métal décorés de fleurs de lotus, enfin la *da yi* d'un rouge éclatant brodée de dorures aux coutures, c'est celle des grands maîtres que l'on appelle aussi « fashi ». *Fa* vient de *fo fa*, qui signifie le *dharma*, ce sont les connaissances du bouddhisme, *shi* vient de *shi fu*, qui veut dire « le maître ».

Nous dormions tous ensemble dans une grande salle construite spécialement pour l'événement et remplie de lits superposés. Les journées étaient longues, nous nous sommes levés à 4 heures et couchés à 22 heures, six jours sur sept, un mois durant.

Après nous être rincé le visage à l'eau froide, nous nous rendions à Xi Feng Seng Ren Dian, légendaire salle du temple reconnaissable à ses fresques plusieurs fois centenaires, ainsi qu'à ses quarante-deux cavités au sol dont l'origine remonte à la pratique secrète du kung-fu quand un empereur l'avait proscrite. Nous y récitions les *sutras* et les prises de vœux pendant plus de deux heures.

Puis, le petit déjeuner se prenait au réfectoire de Chan Tang, une partie du temple réservée aux moines menant une existence méditative. Nous devions suivre des rituels dans la manière de se tenir, disposer bols et baguettes, recevoir la nourriture, etc. Cette gestuelle codifiée était destinée à communiquer sans parler.

Du matin jusqu'au soir, nous récitions les *sutras*, étudions les savoirs cachés du bouddhisme avec les engagements que nous prenions dans ses vœux et révisions les rituels d'attitude concernant le comportement, la prise de nourriture et le port des toges.

Nous portions *wu yi* lors de notre première prise de vœux. Devant les grands maîtres, nous sommes montés sur une estrade, décorée de trois étages symbolisant les trois joyaux du bouddhisme, en récitant des phrases ancestrales à voix haute. Nous étions par groupe de trois, appelé « yi tan », et nous devenions *jie xiong di*, autrement dit « frères de renoncement ». Les deux autres toges se portaient après l'assimilation des enseignements prodigués.

Nous étions autorisés à porter la toge la plus importante, *da yi*, lors de notre troisième prise de vœux. À l'issue de ce dernier rituel, nous devenions *fashi*, c'est-à-dire le maître du *dharma*, ce qui signifie que nous maîtrisions les connaissances apprises pendant la période dite « novice » et avons bien assimilé les secrets transmis durant ces quatre semaines d'initiation. Ces grandes toges rituelles ont un rôle symbolique, elles sont portées lors des cérémonies afin d'incarner notre nouveau statut. Ce jour-là, certains firent aussi le choix d'allumer sur leur tête neuf bâtonnets d'encens disposés en trois rangés de trois symboles dans la tradition chinoise de longévité. Avec dévotion, ils firent offrande de leur enveloppe charnelle à la voie qu'ils avaient choisie, et marquèrent à vie cette journée dans leur chair !

Le dernier jour, nous nous sommes rendus à la cour privée de l'abbé du temple Shaolin, Shi Yongxin, vêtus de la toge rouge des grands maîtres. Nous entrions par trois dans les appartements où il recevait ses invités. Face à lui, alignés et synchronisés, nous nous sommes agenouillés trois fois, ce qui symbolise les trois trésors fédérateurs du bouddhisme (le Bouddha, le *dharma* et la *sangha*). Puis, il nous a remis un certificat authentifié par les autorités et légitimant que nous étions alors officiellement *fashi*, maîtres et gardiens de la connaissance.

Ainsi s'est déroulée la cérémonie des trois estrades à l'issue de laquelle, après trois années de vie monastique dans l'enceinte du temple, je suis devenu officiellement moine Shaolin sous le nom de Shi Yan You.

Le rêve d'une vie…

# Remerciements

Je remercie tout particulièrement les gens qui ont cru en moi, qui m'ont tendu la main et qui ont participé à façonner en partie ce que je suis aujourd'hui !

Je remercie aussi toutes les personnes qui m'ont tourné le dos, abandonné et trahi : grâce à elles, j'ai trouvé la force insoupçonnable qui me fait avancer !

Je remercie Romaric, qui a cru au gamin de treize ans que j'étais, l'a amené partout en France et en Europe jusqu'à devenir champion du monde.

Je remercie maître Zong Hong, qui m'a aidé à concrétiser mon rêve d'aller vivre à Shaolin.

Je remercie mon défunt maître Shi Yanzhuang, qui m'a accepté comme disciple et a pris soin de moi quand j'étais au monastère.

Je remercie particulièrement l'abbé du temple Shaolin, Shi Yongxin, qui a pris la responsabilité d'accepter un Occidental au sein de la vie monastique durant trois années à l'issue desquelles j'ai été ordonné moine, ce qui fait de moi un cas unique dans l'histoire du temple Shaolin.

Je remercie la Chine et le peuple chinois, qui m'ont accueilli et tendu la main pendant ces années.

De tous les défis que j'ai voulu relever, ce livre aura été pour moi une des tâches les plus ardues. Il a pu voir le jour grâce à Steve (by Steve) : lors de la tournée qu'il a réalisée pour son livre *Karma Sutra*, il m'a présenté mon éditrice, qui a accepté de me donner ma chance. Merci !